JN213829

日本語版の発行にあたって

本書は、イタリア語では、「Sconfinamenti」というタイトルが付けられています。これは、直訳すると「不法侵入」というような意味合いを含む言葉です。この物語りに登場する2つの領域は「自然」と「デジタル」ですが、「Sconfinamenti」が内包する微妙で繊細なニュアンスを包括する英語訳は「Bordercrossings」とされました。日本語でこのニュアンスを伝えられる言葉は果たしてあるのでしょうか。

「越境」という言葉を想い浮かべましたが、これは、2つの領域のうち、どちらかに留まるという意味を与えてしまいます。本書を訳す中で実践の内容を読み解いていくと、「クロッシングス」という名の示す通り、2つの領域は、お互いに関係し合い、影響し合い、何度も何度も繰り返し行き来するような意味合いがあるのではないかと思い至りました。レッジョ・エミリアではよく比喩的な言語の使い方をしますが、まさしくこれは、比喩的な表現だと思います。レッジョ・エミリアの現地で実践に関わった教師のルチア・コッラさんにも、日本で考えているいくつかのタイトル案を相談し、JIREAでも議論を重ねました。そのような多くの思考と議論を経て、日本語版では「ボーダークロッシングスー行き来する、その先へ— レッジョ・エミリアの子どもたちと自然との出会い、デジタルの可能性」というタイトルにたどり着きました。

この議論は、タイトルの根底にある意味と複雑さ、そしてレッジョ・エミリア市自治体の乳児保育園と幼児学校の子どもたちと教師たちの経験を、完全にではないにしても、理解することが出来たと思えるプロセスでした。そして、自然界の文脈とデジタルの文脈という、2つの世界のいわゆる「境界」を行き来しながら、また、デジタルデバイスを通じて、自然界の中でも行き来するという概念を組み込むことが重要だと感じました。

本書に登場する、5つの乳児保育園と10校の幼児学校の物語りは、常に自然との出会いから始まり、自然に戻ります。その物語りにデジタルが登場することによって、複雑さと驚きと新たな視点が与えられ、再び自然界に戻る際には、新たな発見や意味合いが登場することになるのです。また、自然とデジタル両方の「行き来」は対話となり、この対話を通じて「境界」はいくぶん曖昧になり、そうすることで両方は1つに溶け合っていくことになります。その「行き来」のなかで、子どもたちはためらうことなく様々な思考をめぐらせ、自然との対話を行うのです。子どもたちの思考は「行き来」する度に洗練され、自然界を見る新しい方法を自ら発見していきます。そして、その小さな一歩は徐々に自信を伴った大胆な一歩になり、決して静止したままではなく「もっと知りたい」「もっと理解したい」という願いと共に、その先へと歩んでいくのです。

レッジョ・エミリア・アプローチの創立者であるローリス・マラグッツィ氏は、「境界線」に立ち、絶えずその向こう側へと眼差しを向けるような考えを持っている人だったと、レッジョ・エミリアの教育者から学びました。レッジョ・エミリアでは、1980年代には、すでに幼児学校においてコンピュータとの「対話」を始めていました。近い将来、子どもたちがコンピュータに出会う時代に突入せざるを得ないことを予測し、コンピュータとどのように向き合えるのかを考えていたのです。境界線に立つことは勇気を必要とすることであり、想像力と好奇心を必要とし、そして、「聴く」心も大切です。聴くことは簡単ではありません。深い認識と同時に、柔軟でオープンなマインドを持つ必要があります。

sensitive to the pattern that connects
つながるパターンに敏感に
グレゴリー・ベイトソン　（Mind and Nature, 1979）

レッジョ・エミリアの教育者は、1つの世界を永久的に位置付けるのではなく、自然とデジタルという一見異なるように思われる、2つの世界の間に類似する特徴を探そうとします。自然は再生し、変化し、増殖します。それは流動的で、歓迎的で、恐ろしくもあり、神秘的でもあります。一方のデジタル技術には、複製、発明、変換、拡張の可能性があり、人の見方を惑わすこともできるという点で神秘的です。両方の類似点を見ると、つながりや相互関係が見えはじめ、それらの関係性により、新しい視点で自然界を見る方法を広く考えさせてくれます。自然界とデジタルの間の類似した行動によって、つながるパターンを発見することができ、この発見に私たちは、美しさと詩的な世界を感じることができるのではないかと思います。

本書の豊かな実践を読み進めていくと、日本の一般的な教育の中でのデジタルの考え方や取り扱いとは大きく異なることが見えてきます。日本の現状では、「学びのツール」ではなく「教えるツール」あるいは「情報を獲得するためのツール」として利用されることが多いのではないでしょうか。教授的な学びから探究的な学びへと模索する今の時代だからこそ、レッジョ・エミリアの教育者の考え方は、私たちに大切な示唆を与えていると思います。

子どもたちの美しく示唆に富んだ物語りの展開に、考え、夢見て、現実と創造を行き来しながら、可能性のある世界の先へと思考をめぐらせながら、繰り返し読んでいただければ幸いです。

2025年2月
カンチェーミ潤子・山岸日登美

本書で用いられる言葉の解説 (監訳者注)

レッジョ・エミリア・アプローチ

子どもたちは他者との関係の中で学び、成長する可能性を持っているという「子ども観」、または「人間観」に基づいた教育哲学。学びのプロセスにおいて観察、ドキュメンテーション、対話（意見交換）に注力する。世界中の学校に影響を与えたこの教育プロジェクトは、イタリアのレッジョ・エミリア市の乳児保育園と幼児学校で展開されている。教育サービスは、他者との関係の中で構築される相互作用と学習の価値に基づいており、自立と創造性をうながす。

ローリス・マラグッツィ (Loris Malaguzzi 1920-1994)

レッジョ・エミリアの教育哲学を確立し、地元の行政官と共にレッジョ・エミリア市の乳児保育園と幼児学校のネットワークを設立した教育哲学者・社会心理学者であり、文部省の顧問や『ゼロセイ』『バンビーニ』という教育雑誌の責任者も務めた。教育学と心理学を専攻し、小学校の教師として勤務したあと、1950年にレッジョ・エミリア市立心理・教育学センターを設立し、20年以上勤務。1963年には、行政の協力の元、初の自治体幼児学校を設立。また、仲間と共に数年間運営した0歳〜3歳児を対象とした乳児施設は、1971年に市の教育サービスに加えられた。1980年には、0歳〜6歳児を対象としたナショナルグループ「Nidi Infanzia」を設立。「百の言葉」を用いて、潜在能力を尊重する革新的な教育哲学を貫き、弛まずに推進した。

アトリエの文化

アトリエは、アクションを通じてコンセプトを可視化する場所である。アトリエは、人々がデザインし、探究し、創り出すための道具や材料を備える物理的な場でもある。それは、頭、手、感受性、合理性、感情が密接に協働する学びの方法を可能にし、目に見えるようにする場でもある。アトリエは、私たちの種に深く生来している美的感覚が、様々な学習分野を横断し、全ての分野を織りなす場である。それは、アートにつながるだけではなく、研究の方法、解釈の鍵、体験の場にもなる。「レッジョ・エミリアのアトリエでの経験は、繊細で他の全ての詩的な言語に寄り添う視覚言語に関することを行っており、感情を創り出し、感じる『手』を通じて、審美的感覚は大切に、具体的に、表現されてきた」（ヴェア・ヴェッキ）

子どもたちの百の言葉

子どもは人間として、百の言葉、百の考え方、百の表現方法、百の理解の方法を持っている。経験の次元を切り離すことなく、織りなす思考を通して他者と出会い、結びつけるという考え方である。子どもたちの限りのない可能性、認知能力、そして、その可能性を象徴する創造的プロセスや生命の現れ、知識が構築される様々な形態についての、比喩としての「百の言葉」である。

ペダゴジスタ

大学で教育学または心理学を専攻した教育者。実践と教育研究を結びつけるプロフェッショナル。家庭やコミュニティとの関係を築いていく役割も担う。

アトリエリスタ

美学や芸術の専門性を持ち、子どもたちと教師たちの創造的探究に参加し、多様な視点を持ち、その専門性により、学びを豊かにするプロフェッショナル。

指導教師

教師と子どもたちに寄り添い、教育的指導を行う教育者。

聴く

五感を通して、耳だけでなく心を傾け、繊細に人やもの、こと、環境、感性、見えるものと見えないものに寄り添い、理解を深めること。

対話

会話、共和、協和全てを含む。口頭言語での人と人との対話だけではなく、もの、物、モノとの対話を比喩的に使う意味も含む。

参考文献
・Carolyn Edwards, Lella Gandini, George Forman 『The Hundred Languages of Children-The Reggio Emilia Experience in Transformation』Praeger, 2012
・Paola Cagliari, Marina Castagnetti, Claudia Giudici, Carlina Rinaldi, Vea Vecchi and Peter Moss 『Loris Malaguzzi and the Schools of Reggio Emilia-A selection of his writings and speeches, 1945-1993』Routledge, 2016

「冗談じゃない。百のものはここにある。」

ローリス・マラグッツィ
佐藤学 訳

子どもは
百のものでつくられている。
子どもは
百の言葉を
百の手を
百の思いを
百の考え方を
百の遊び方や話し方を持っている。
百、何もかもが百。
聞き方も
驚き方も愛し方も
理解し歌うときの
歓びも百。
発見すべき
世界も百。
発明すべき
世界も百。
夢見る
世界も百。
子どもは
百の言葉を持っている。
（ほかにも、いろいろ百、百、百）
けれども、その九十九は奪われる。
学校も文化も
頭と身体を分け
こう教える。

手を使わないで考えなさい。
頭を使わないでやりなさい。
話をしないで聴きなさい。
楽しまないで理解しなさい。
愛したり驚いたりするのは
イースターとクリスマスのときだけにしなさい。
こうも教える。
すでにある世界を発見しなさい。
そして百の世界から
九十九を奪ってしまう。
こうも教える。
遊びと仕事
現実とファンタジー
科学と発明
空と大地
理性と夢
これらはみんな
共にあることは
できないんだよと。
つまり、こう教える。
百のものはないと。
子どもは答える。
冗談じゃない。百のものはここにある。

ボーダークロッシングス
―行き来する、その先へ―

レッジョ・エミリアの子どもたちと
自然との出会い、デジタルの可能性

ヴェア・ヴェッキ、シモーナ・ボニラウリ、イザベラ・メニンノ、マッダレーナ・テデスキ 監修
カンチェーミ潤子、山岸日登美 監訳
JIREA 協力

中央法規

展覧会

展覧会—アトリエ　主催
レッジョ・チルドレン および レッジョ・エミリア市の自治体乳児保育園・幼児学校 (Istituzione)

共催
**レッジョ・チルドレン財団 —ローリス・マラグッツィ国際センター
Iren**

教育プロジェクトおよび「展覧会—アトリエ」に対する、教育学コンサルティング
パオラ・カグリアリ、クラウディア・ジュディチ

教育プロジェクト「自然とデジタル」のコーディネーション
シモーナ・ボニラウリ、マッダレーナ・テデスキ

教育プロジェクト協力
**アンジェラ・バロッツィ、エレナ・コルテ、エレナ・ジャコピーニ、ダニエラ・ランツィ、
エレナ・マッカフェッリ、デアンナ・マルジーニ、モイラ・ニコロージ、
アンナリーザ・ラボッティ、ジョヴァンカ・リヴィ**

展覧会監修
ヴェア・ヴェッキ、イザベラ・メニンノ

展覧会監修協力
**パオラ・バルキ、ミケーラ・ベンドッティ、ロレッタ・ベルターニ、シモーナ・ボニラウリ、
ルチア・コッラ、フランチェスカ・マンフレーディ、マッダレーナ・テデスキ、バルバラ・クインティ**

教育プロジェクトの発案および実施
以下の施設の子どもたち、ペダゴジスタ、アトリエリスタ、教師、および教育者たち

乳児保育園
アリーチェ、ジェノエッファ・チェルヴィ、ピーター・パン、パブロ・ピカソ、ジャンニ・ロダーリ

幼児学校
**ローリス・マラグッツィ国際センター、ディアーナ、パウロ・フレイレ、ジロトンド、ガリバー、
ラ・ヴィレッタ、ブルーノ・ムナーリ、パブロ・ネルーダ、カミッロ・プランポリーニ、ロビンソン**

小学校
ローリス・マラグッツィ国際センター

コーディネートおよびアーカイブの管理
シモネッタ・ボッタチーニ

序文
シモーナ・ボニラウリ、パオラ・カグリアリ、マッダレーナ・テデスキ、ヴェア・ヴェッキ

グラフィックデザイン
ロランド・バルディーニ、マリ・イェア

設定デザインとレイアウト
イザベラ・メニンノ

アート ディレクション
ロランド・バルディーニ

映像コーディネートおよび編集
サラ・デ・ボイ、ダニエラ・イオッティ

運営およびロジスティクス
ミケーラ・ベンドッティ

IT技術
イヴァン・パオリ

広報
セレーナ・マッロッツィ、フランチェスカ・セヴェリーニ

謝意
**マリーナ・カスタネッティ、フェデリカ・カストリコ、マリーナ・モーリ、ベアトリーチェ・プッチ、
ロベルタ・プッチ、ステファノ・ストゥルローニ、レミダ（ Il Centro di Riciclaggio Creativo）**

カタログ

監修
**ヴェア・ヴェッキ、シモーナ・ボニラウリ、
イザベラ・メニンノ、マッダレーナ・テデスキ**

監修協力
パオラ・カグリアリ、クラウディア・ジュディチ

執筆協力
**シモーナ・ボニラウリ、パオラ・カグリアリ、
イザベラ・メニンノ、マッダレーナ・テデスキ、
ヴェア・ヴェッキ**

執筆者
乳児保育園
**アリーチェ、ジェノエッファ・チェルヴィ、
ピーター・パン、パブロ・ピカソ、ジャンニ・ロダーリの教師、
アトリエリスタ、ペダゴジスタ**
幼児学校
**ローリス・マラグッツィ国際センター、ディアーナ、
パウロ・フレイレ、ジロトンド、ガリバー、ラ・ヴィレッタ、
ブルーノ・ムナーリ、パブロ・ネルーダ、
カミッロ・プランポリーニ、ロビンソンの教師、
アトリエリスタ、ペダゴジスタ**

グラフィック
乳児保育園および幼児学校の子どもたち

写真撮影
**乳児保育園および幼児学校の教師、アトリエリスタ
ローリス・マラグッツィ国際センターのアトリエリスタ**

編集・コーディネーター
ミケーラ・ベンドッティ

アートディレクション
ロランド・バルディーニ

グラフィックデザインおよびページデザイン
マリ・イェア

目次

研究メモ

パオラ・カグリアリ

0歳から6歳までの子どもたちのための学校は、彼らの生活環境と無関係ではいられません。そこで、1984年にレッジョ・エミリア市の幼児学校内における、子どもたちとコンピュータの出会いについての最初の研究が始まりました。それはローリス・マラグッツィが提唱した冒険です。マラグッツィは、常に現代社会の現象に注意深く目を向けており、幼児学校は、会社や家庭で普及し始めていたパーソナルコンピュータに対して無関心ではいられないと考えたのです。

デジタルテクノロジー（コンピュータ、プリンター、タートルフロアーロボット[1]）は、私たちの幼児学校に導入され、これまで行ってきた表現法とも相互に影響し合い、クラスやアトリエの活動と溶け込んでいます。当時はまだこのテーマを取り上げようとする小中高の学校は少なく、それもコンピュータを（現在に至るまで長きに渡り、この状況が続いていると言えますが）、コンピュータ室などで行う、ある一定の授業の時間に限ってのみ使っていたのです。レッジョ・エミリアの幼児学校では、テクノロジーの周辺に、（大人であれ子どもであれ）利用者が単独でパソコン画面の前にいることを想定した様態（または主流の考え方）に反し、子どもたちがグループで作業できる環境を常に作ってきました。

1990年代になると、スキャナーやカメラ、ビデオプロジェクター、デュアルコンピュータワークステーションなどが導入され、グループにおける子どもたちの協力作業を、よりシンプルな形で、より直観的アプローチを使い、強化し、サポートできるようになりました。こういったツールは、子どもたちとコンピュータの間の対話を拡張し、可視化、共有することを可能にし、現在、全ての体験の中で主流である「没入体験型」の活動のきっかけになり、さらにコンピュータの「単独で他と交わらない、自足型」という特徴を弱め、複数の言語との間に相互作用や交配を引き起こす可能性を高め、子どもたちの（そして特に大人たちの）注意を画面から他の物との関係性へ移すことに役立ったのです。私たちの向かう方向は、情報ツールと常に子どもたちの手の届く範囲にある素材とを対話させること（例えば、スキャナーと土粘土、ワイヤーと自然の素材など）です。つまりデジタル技術は、少しずつ生活スペースや子どもたちの学びの環境と融合し、知覚や感覚を鋭くし、探究するための新しいツールを与え、子どもたちが自身の知識を形に表す時、その描写や物語りに伴う表現力や美的感覚の質を高めることにつながるのです。

1985年以来、今日までの長い道のりは、困難もつまずきもありましたが、デジタルテクノロジーにより増大した環境を考えるための重要な刺激を未だに与えてくれます。

この実験的試みは、展覧会「ボーダークロッシングス―行き来する、その先へ―」の中にその痕跡を見て取れますが、この問題を将来、さらに掘り下げていくための開かれた研究環境を示しており、展覧会冒頭に上映されるビデオ「研究メモ」にも描かれています。

プログラミングとコードへの挑戦

コンピュータを使った最初の実験についての短い物語り[2] をお話しすることにより、この実験的試みの側面を紹介したいと思います。他の3人の教師と共に、私自身もその中心的存在でした。

1984年の実験に選んだコンピュータは、現在の機種に比べるとかなり大型でしたが、何年か前まで省庁や大企業の大きな部屋を占めていた計算機に比べれば小さい物でした。それは魅力的な物ではありませんでしたが、子どもたちは想像力を働かせ、すてきな経験を期待していたのです。

実際には、モニターの緑の背景上に、「タートル」と呼ばれる小さな三角形があり、3つの角の1つが強調されています。それが画面上を動きながら、黒い線で形を描いていきます。「タートル」と「会話」するために、シーモア・パパートにより開発されたプログラミング言語、LOGOの簡素化された形式が導入されました。これは現在でも、子どもたちをコーディングに親しませるために使用されるあらゆるプログラムの基本的構造をなしています。「タートル」を動かすには、貴重なシンタクス（プログラミングの記号や構文）が必要でした。つまり一連のコマンドを表す頭の文字（前、後、左、右）―スペース―数字―リターンなどです。シークエンス（順序）が尊重されなければ、コミュニケーションを設定するのは不可能だったでしょう。「タートル」は子どもたちから学んでいきました。子どもたちがコマンドのシークエンスに名前を付け、それをまた書き込めば、「タートル」は常に同じ絵を描きます。ただしその時にいた場所から描き始めるので、いつも子どもたちが思っていた通りとは限りません。

---

1 1960年代に作られた、キーボードを使ったMinilogo言語のコマンドにより平面上を動くことのできるロボット。

2 Immovilli G., Quando due intelligenze si incontrano - I part, in 'Bambini' n.11/November 1985, pp. 22-28; Castagnetti M., Quando due intelligenze si incontrano - II part, in 'Bambini' n. 12/December 1985, pp. 76-80; Giacopini E., Quando due intelligenze si incontrano - III part, in 'Bambini' n. 1/January 1986, pp. 82-87; Cagliari P., Quando due intelligenze si incontrano - IV part, in 'Bambini' n. 3/March 1986, pp. 71-75.

 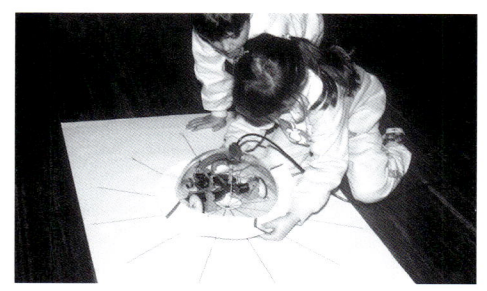 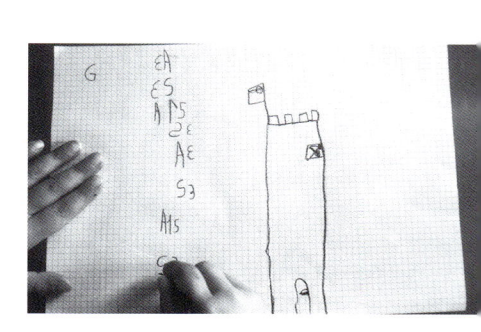

最初は、ビデオゲーム（現在の物と比べると、ずっと初歩的ではありましたが）ではないと分かって、3人のグループの子どもたちは失望しましたが、挑戦することに心を奪われ、8日間の作業の結果、旗をなびかせた城の設計図が出来上がりました。従来の技術（紙、筆、テンペラ、水彩、木組み、廃材など）を使ってクラスで制作したデザインや絵画、工作などに比べると、不細工な城ではありましたが。

ではなぜ、子どもたちにこうした体験を勧めるのでしょうか？　なぜなら、重要なのは出来上がった作品ではなく（美的感覚は、学びのプロセスにおける本質的な特質ではありますが）、「タートル」が「自分ひとりで」城を描くことを学んだことだからです。「城」と書くだけで、子どもたちがその後何もしなくても、「タートル」は城を描いてくれます。プログラミングされたということです。つまり子どもたちは、このような環境で会話するために必要な新しいコード/言語を学んだのです。子どもたちは、プログラミングの論理的な過程を構築したのです。

キーボードとビデオというツールを介した行動を体験したのです。

そして、コンピュータの神話を覆す、深く哲学的な理論をつくり上げたのです。「頭がいいけど、ちょっとだけだ。賢さは私たちからもらっているから」。

子どもたちは、方向や位置付け、長さ、大きさなどの問題を、自分たちがいる3次元の水平な空間から、スクリーンという2次元の垂直な空間へ移動させました。そして視点の考え方を明確にし、前後、左右の概念を、画面の上で様々に位置を変える「タートル」の上に移し替えていきました。子どもたちは、方向に関する多くの問題に立ち向かう必要を感じ、手にD（destra：右）、S（sinistra：左）と書いてもらいました。ある段階で、アランという子どもは、（バーチャルな環境で彼の目の前にいた）「タートル」が頭を下げているのを見て、位置を逆にするため手を交差させ、「タートル」と同じ方向を向くようにしました。こうすることで、彼は「タートル」を思った方向へ移すためのコマンドを見つけたのです。

これは困難ではありますが、大切なプロセスです。3人グループで、白熱した議論や交渉、試行や失敗、交流を通して、同じ目的に向かっていく精神で取り組みました。

新しいツールは、5歳から6歳の子どもたちにとって、それまでは思いもよらなかった問題に立ち向かうことを可能にしてくれました。若い教師だった私は、ここでも再度、子どもたちが持つ、まだ表れていない潜在能力と、マラグッツィが常に言っていたように、子どもたちを信じることの重要性を確信したのです。

本展覧会では、他にも1990年代および2000年代に行われたロボットとセンサーを使った体験に関する2つのプログラミングの経過も発表されています。コンピュータからのリモートの指示で空間を動くロボットは、接触センサーと温度センサーにより環境と対話し、「タートル」を使った体験に愛情や世話をする感情を付け加えるのです。雪で折れた枝を新しく生かし、気象条件（例えば燃えるような太陽光線など）から環境を守る戦略作りに協力してくれる、生き物たちの生育環境を作る、またはその枝に住んでいる小鳥たちにパンを運んでくれる信頼できるロボットを計画するなど。これは子どもたちが想像したコンテクストの一例です。生き物の持つ感覚や感情をロボットという要素に移すことは、生命や関係性に対する環境意識の鋭さの基礎をなす態度だと考えられます。

子どもたちは次のように言っています。
「もしロボットのセンサーを使ったら、電子の枝になると思う」　ルカ
「ロボットの命を持った枝になるかも」　アンナ・C
「ニセモノの命？」　ジュリア
「特別な命だ！　ぼくたちのとはちがうから。それはえらびぬかれた命かもしれない」　フランチェスコ

子どもにとっての新しい体験は、生命やそこから生じる疑問と別々に考えられるものではありません。重要なことは、私たち大人が、それを忘れないことです。大人はプログラミングやコーディングは、単に技術的で論理的なコンピュータに関する問題だと考えがちだからです。大人と子どもが一緒になって創り上げた哲学、人間性、関係性と「百の言葉」が混ざり合った中で、子どもたちは、メタ認知的意味で、「他者」つまりロボットの知識の形や「百の言葉」と出会うことにより、自己の知識を探究することができたのです。試行・失敗・比較の手順を通して、空間やサイズや速度の概念の関連性を調べることが可能となったのです。

子どもたちは言葉や絵画の形で、物事の関係性や物語りを考え出し、予測能力を働かせ、さらにロボットにより実現した行動の中でそれを実証してみせました。

私たちは、子どもたちがAI技術のプログラマーになるべきだとは思っていません。しかし、プログラミングは、それぞれ異なる状況下にあっても、学びと探究の類まれな可能性を秘めているのです。

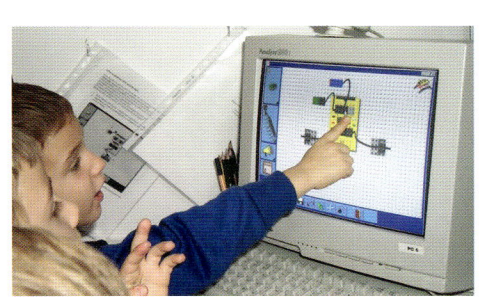
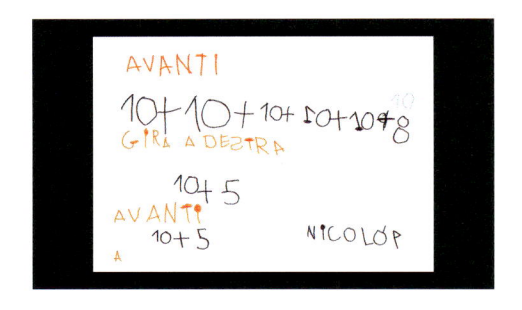

原子とビットの間の対話と混成

1990年代に入り、低価格の入出力用周辺機器の登場によって、コンピュータと子どもたちの、対話し加工し、創造する能力は進展しました。

子どもたちは日々、考えていることを形にし、世界を表現しようとし、自分たちの想いや経験を記録し、伝えるための形やツールを探しています。目で見た景色を絵に描いたり、絵の具で描いたりしたものであっても、スキャナーとデジタルカメラにより、それらはより複雑にすることが可能になり、子どもたちがつくるコミュニケーションの形もより精巧になります。

デジタルカメラは一種の「ハイパーな機能をもった目」となり、同じ題材について様々な異なる表現をすることが可能になります。関係性や比較対照の構築を維持し、現実をありのままの姿に近い形で表しながらも、知識の対象となる物の新しい解釈を表現することにもつながるのです。

デジタルカメラやスキャナーにより、現実から得たイメージや素材、形、色などをコンピュータの中に取り込み、さらに修正し、改良し、混ぜ合わせたり、絵を描き加えたりすることが可能になり、それまでは想像もできなかった、新しい質の高い知覚が生まれるのです。

ビデオプロジェクターは、作業プロセスを共有することを可能にし、子どもたちは自分たちの表現を生活空間の中に、没入型の体験として取り入れることができるようになります。これは現在でも非常に魅力的な体験の形です。美意識の高い、感情を豊かにするこの体験は、知識を豊かにする大きな力を持っています。

簡単に複製を作ったり数を増やしたりできることや、リアルな画像表現ができることは、これまでにない可能性や楽しさをもたらしてくれます。ちょうど学期の最後の日の、子どもたちが楽しみにしている伝統的なラザーニャを使った試みはその例です。あるグループの子どもたちが、見た目は本物のラザーニャそのもの、しかし実際には食べられないものを作ったのです。紙でできた（デジタルカメラとスキャナーを使って作った）皿やナプキン、ナイフ、フォークやラザーニャがキッチンから出てくる様子を表した作品で、子どもたちは、このいたずらに引っかかって大喜びしていました。

画像を1つのデバイスから別のデバイスへ移動させる可能性を大きくし、子どもたちが自主的に活動できるようにすれば、ネットワークの考え方や、異なる機器や表現方法の間の対話を知覚し実行できるようになるだけでなく、出来上がった異なる作品を視覚化し、探究し、比較し、評価することができるようになります。要するにデジタルツールを相互に作用し、体験や考えを形に表すための強力な手段として子どもたちに与えることにより、絵に描くこと、絵の具で描くこと、土粘土で創ること、あるいは言葉や身体を使った物語りはその数を増やし、生命が吹き込まれ、形を変えていきます。そして、子どもたち自身が探し創造したバリエーションを通して、知識の対象となる物との間に、これまでなかった関係性が生まれます。さらに、作品や創るプロセスは、記憶の痕跡を残しやすく、それが小さなドキュメンテーション、つまり「マルチメディア」のコミュニケーションとなり得るのです。

こうしてデジタル技術は、これまでの言語に新しい形を与えるに至ります。音楽、絵画、色彩そして様々な素材を組み合わせた表現は、

相互に作用し合い、動き、言語間で混ざり合う可能性を秘めた状況と出会うことで、異なる性質を帯びます。この経験は、言語は交配するためにデジタル化（つまり全てが同じビットになること）されるべきではないこと、むしろ原子とビットの出会いや、物質的なものと非物質的なものの出会いにおいて、これまでなかった新しい表現の可能性が生まれることを示しています。1990年代に入り、このようなプロセスは、使いやすいインターフェースの普及により、利用しやすくなりました。これは、大きな可能性の扉を開くことですが、同時に慎重さも求められます。技術開発者は、「どうすればいいの？」「今のところ、これはできないな」等の疑問が出るのを先回りして避けようとします。しかし知識を増やすために、共に考え、解決策を見つけるには、こういった疑問は非常に有効です。新しい表現により活発になった思考の過程を明らかにし、知識を得るための、より現代的な新しいアプローチを実現することが、学校に与えられた使命なのです。

リモート コミュニケーション

デジタル技術は、放射状や網状に、遠く異なる場所をつなぎ、知識を構築することを可能にします。これは私たちが2002年から2004年にかけて、レッジョ・エミリアとストックホルムの幼児学校、小学校、中学校と行った研究により発見した新たな可能性です[3]。

結びつける働きをする思考、複数の作者、1か所から別の場所へと動き常に形を変えていく柔軟で未完成の学びの形、こういった考え方は、以前はなかった新しい文化で、ごく最近の傾向ですが、私たちの社会に急速に普及しています。当時、私たちが抱えていた疑問は、今の学校にとっても重要な意味を持っています。例えばこの新しい空間がどのように拡大し、私たちが今の学びにとって最も有効な形だと信じている共同的、協力的学び（社会構築主義的）の形を修正していけるのでしょうか？　あるいは、知らない者同士がつながっているコミュニケーションのネットワークを、どのように学校内に取り入れ、形を変えながら、ウェブ上の接続に関する新しい倫理と実践を導入すればよいのでしょうか？

デジタルメディアと学び（またはデジタル技術が持つ、学校を変革する能力に対する過度な信頼について）

コンピュータメディアは、様々な特徴を有し、そのため子どもたちの学びを築くうえで、次のような特に重要な役割を持つようになってきました。

- コンピュータが周辺機器との間で可能にした、「百の言葉」の相乗効果
- 試行錯誤の学びの戦略としてのシミュレーション。双方向に動け

---

3 2002年から2004年にかけて「E3.Econtext, e-technologies, e-early learning」という欧州プロジェクトの一環として実施された研究。これには、レッジョ・エミリア市の自治体幼児学校2校（La Villettaと8Marzo）と公立学校、スウェーデンの学校（4歳から16歳の子どもたちを対象とするLemshaga Academy Ingarö）、Reggio Emilia Istitutlet of Stockholm、ギリシャ（パトラス）のComputer Technology Institute、Hellenic Open Universityが参加しました。この研究の目的は、学校を内容の伝達の場ではなく、知識の構築の場とする社会構成主義的な考え方に沿って、遠隔学習のためのプラットフォームを構築することでした。

る特徴のため、過程をさかのぼることができ、一層充実したものになる

- プロセスを記憶することができるので、繰り返しが可能
- 創造性のある創意とより結び付いた、すばやい変形
- 学びのコミュニティを、空間の偶発性から広げる可能性としてのリモートでのコミュニケーション
- 子どもたちが自身を社会の構成員だと認識するより大きな可能性（それにより子どもたちが対話の相手であり、提案し、文化を創り出す存在だということが明白になる）

時間と共に行われてきた研究により、学校がこうした体験に基づいた可能性に道を開く方法を見つけるに至り、文化レベルを高め、知識を得て、現実と触れ合い、創造的に手を加え、認識を構築するプロセスを活発にすることができました。これにより、子どもたちは、アクセスと解釈の基準をつくり上げることができ、そこから新しい思考の道が開けるのです。

しかしコンピュータを介したテクノロジーは、それ単独では、従来の学校で行われてきた学びと教えの関係を変えることはできません。教育と養成の場における新しい、これまでとは異なる条件が必要です。すなわち、日々の活動の中での学問分野の垣根を越えた思考、知識に対する社会構成主義的アプローチ、生活環境への配慮と子どもと大人双方の思考のプロセスに沿い、それを拡張することができる素材やツールを備えた空間づくり。手に取って使い、組み立て、考えることのできる多くの良い素材やツールを提供できる環境、つまり記憶し、再度手を加える時の戦略として、自分の思考の痕跡を残すことができる場所。子どもと大人の研究する姿勢を奨励し、予め計画されたアプローチと融合、もしくはそれに代わることのできる、知識の構築を目指したプロジェクト形式のアプローチを支援する状況。そして学習中の主体の表現/理解/コミュニケーションのための努力を、良い形で表せる役割を、コンピュータを介したテクノロジーに与える状況。子どもたちの意味に関する研究や、子どもたちが創る世界に関する物語りに参加できる環境。このような、これまでとは異なる条件が必要だということです。

結論

デジタルテクノロジーと情報ネットワークの進化は、学びやコミュニケーション、知識やアイデンティティの確立の方法に、変化をもたらしつつあります。コンピュータを介したテクノロジーをコンピュータ室の中だけに限定し、主にIT技術を教え、技術と人間性を分けて考える学校と、テクノロジーを介した遊びや人との関係性をつくる側面だけを提供する課外活動との間で、私たちはこうしたツールの潜在能力についてメタ認知的、建設的かつ創造的な熟考を行う場を考えなければなりません。そして子どもたちに、デジタルツールとの「対話」には、人間の知性とツールの知性が出会う必要があることを発見させなければなりません。その対話の中では、2つの知性が相互に形をつくり合い、共に進化し、ゲームのルールは双方の手の内にあるのです。学校は子どもたちに、ツールを創る機会、そして30年以上に渡り、今日の世界の社会的、政治的、文化的、経済面で、私たちの全ての経験

を包括した現実における、活動的な主人公になれる機会を与える場所でなくてはなりません。

時と共に、デジタルテクノロジーは、「より鋭い感覚」に基づき、以前はあり得なかった、予想外の知覚によってさらに修正され、豊かになる経験をもたらす多くのツールを提供してきました。例えば、マクロ次元、視点の移動、存在しない現実の創造等は、ほんの一例です。これはずっと芸術分野の作品として、想像上の空間（額縁付きの絵をスクリーンとして）を創ってきましたが、今や仮想現実の中で、相互作用という新しい次元を見つけたのです。つまり、主体はこの新しい感覚的現実の一部分であり、協働作者であることが可能になったのです。仮想現実はデジタルメディアの産物ではありません。それは私たちの文化が生んだものであり、これまで私たちが生きてきた現実と仮想現実の間には、連続したつながりがあるのです。教育者や教師として、現実と仮想現実との相違点を認めることのできるこの連続性を、私たちは理解しなければなりません。そうしてこそ初めて、デジタルテクノロジーを有意義な形で融合できる教授法を確立できるのです。「仮想」というのは、AIについての研究から生まれた特殊な現実ではなく、そもそも私たちの精神の持つ主要な機能である象徴的な能力により創り出された空間なのです。

コミュニケーションテクノロジーは、世界に意味を与え、意味を構築し共有するという私たちの能力に貢献しています。人により程度の差はあれ、私たち全てがインターネット上でデジタルテクノロジーを使って行っている行為が、単に「する」だけではなく、共有された文化を構築し、単なる振る舞いではなく批判的な意識の元に練り上げられた社会的習慣を構築することが重要なのです。

展覧会「ボーダークロッシングス―行き来する、その先へ―」は、このプロセスに貢献することを目指したものです。

境界を越えて

シモーナ・ボニラウリ、マッダレーナ・テデスキ

園や学校における職人技のテクノロジー

私たちはデジタル技術に対し、反対しているわけでも夢中になっているわけでもなく、常に思慮深い姿勢で臨んできました。そして今後もこの姿勢のまま研究・調査を続けていくつもりです。私たちの乳児保育園や幼児学校では、テクノロジーは日常の活動に取り入れられ、他の言語を支配したり、取って代わったりするのではなく、混ざり合って存在します。純粋に道具や機能としてではなく、知識や複数の学問分野を結び付けるものとして、環境に溶け込んでいるのです。こうしてテクノロジーは、子どもたちが知識を得る方法を支え、社会に溶け込み、分かち合う考え方を持った新たな環境をつくり、一人ひとりの子どもの「精神構造の世界」—それは外部の刺激や内面の知的かつ感情的な表現を含む—が、表現され、伝達されるのを助けます。

デジタル環境下では、乳児保育園や幼児学校での全ての教育環境と同様に、子どもたちは、自分たちの知識や、個人として、あるいは集団として想像した世界の作者として行動します。子どもたちは、テクノロジーは感覚を麻痺させ集中化されたものだという考えを排し、テクノロジーとはコケのにおいや生命の成長と対話する、拡大し生み出す力のあるものだという別の考え方を体現しています。デジタルは教えと学びの状況を変え、子どもたちの思考や理論に新しい表現方法を提供する潜在能力を持ち、抽象と手仕事を結び付けることのできる文化的側面をもたらします。デジタル環境下で子どもたちは、同時に複数の表現レベルで行動し、混成し、融合した、柔軟な思考形態の練習を積み重ねます。私たちが目指すのは、必ずしも学問分野にとらわれず、様々な「百の言葉」の間の境界で意味を探究することができる、連結機能のある総合的な形の知性です。

「仮想現実は、日常の現実を打ち消したり、それに代わったりすることはなく、現実を通過する知覚の関係性の集まりに分解し、個々の事物を単なる事実としてではなく、数えきれないほどの知覚の仕方の1つの結果であることを示している。要するに、現実—現実を認識し解釈する方法—とは、常に構築のプロセスの帰結だということである。いやむしろ、選択した視点から切り取った見え方だと言える」（アルトゥーロ・マッツァレッラ、2008年）[1]

乳児保育園や幼児学校での子どもたちとの体験の中で、私たちは手仕事の領域とデジタルの領域をつなぐことができる職人技のテクノロジーについて考えています。私たちはデジタル技術が現実の音声や視覚を非物質化するだけのものとは考えておらず、実体のレベルを増加し、アナログとデジタルの間を行き来する人為的な加工物をつくり上げるものだと考えます。

「テクノロジーを使うアーティストのスタジオは、鉛筆とグラフィックタブレットが、そしてあらゆる色彩や試作品、モデル、設営のための様々な素材、機械式または電子式ツールの数々、周辺機器とネットワークでつながったコンピュータワークステーション、ビデオとミキシングのステーション、写真や映画のセットなどが混ざり合う作業場であ

る。そこではコンピュータ上のバーチャルなプロジェクトが手書きのスケッチやフロップチャートやストーリーボードと混ざり合う…、つまり"手仕事"の領域は捨てられるべきではなく、特徴や適用の形を変えて、柔軟な手先の技となり、具体的な素材とバーチャルな素材を同時に使いこなし、創造とプロジェクトの初期段階から、自然の知覚と人工的な知覚の間に共感を生むに至る…。"手仕事"の領域は創造の過程に人間味を与え、痕跡を残し、意図の層を厚くし、経験を濃くし、様々な能力を近づける」（アンドレア・バルゾーラとパオロ・ローザ、2011年）[2]

学びの環境は、単なる背景や入れ物ではありません。学校の空間を整えることは、知識を整えることを比喩的に意味し、学ぶ主体を中心に置くことなのです。経済上または機能上の選択の前に、価値観による選択が優先されます。建築や家具、機材などについて話し合う時、私たちは心象について、そして人間性や社会や人同士の関係性の観念について話し合っているのです。つまり私たちは、子どもたちが高度な研究を試み、自ら疑問を持ち、仮説を立て、仮説の実証方法を見つけ、現象や事象に暫定的な説明としての理論をつくり出すことのできる状況を構築しようと考えているのです。

デジタルネイチャー

展覧会「ボーダークロッシングス—行き来する、その先へ—」に含まれるプロジェクトは、子どもたちと行った濃密な取り組みの証拠として、これまで歩んできた、そして現在も続いている、デジタルと自然の間の様々な形のプロセスの一例を見せようとしたものです。

「デジタル」と「自然」の2つの思想は、一見矛盾しているようですが、展覧会期間を通してずっと、デジタルの複雑さと自然の複雑さの融合を目指して掲げられました。特に、自然との接触を持ったデジタルを、人間らしく「手仕事らしく」しようと努め、アナログがデジタルと共生し、共に研究と表現の新しい戦略を生むことができる、混成し、相互に影響を受け合った世界を創ろうとしたのです。自然とデジタルの間の浸透性、その隣接性と境界の交差により、大人も子どももデジタルネイチャーとして解釈される、異なる領域の融合を目指すデザインアプローチができるようになりました。私たちが取った視点は、現象学的で生態学的なものでした。私たちは必ずしも解答を求めたのではなく、むしろ生成力のある質問を考え、常に問題をはらんだ答えを出すことをねらったのです。

私たちは、私たちの研究の軌跡を方向付ける、次のようないくつかの仮説から出発しました。
- 人類中心のアプローチから、個人と環境の関連を結び付ける組織を考慮する生態学的アプローチへの移行
- アナログとデジタルの共生
- 自然の拡張としてのデジタル多元世界
- 自然と人工物が曖昧に混ざり合う状態

1 Mazzarella A. (2008), La grande rete della scrittura. La letteratura dopo la rivoluzione digitale, Torino, Bollati Boringhieri.

2 Balzola A., Rosa P. (2011), L'arte fuori di sé. Un manifesto per l'età post-tecnologica, Milano, Feltrinelli.

- 多次元かつ関係性を有する知覚

　このようなアナログとデジタルが緊密に結び付いた観点から、乳児保育園や幼児学校の内外で、次のような学びの環境がデザインされました。本展覧会を通じてその環境と特徴を理解することができます。
- ツールを中心に据える姿勢から、研究のプロセスに中心をシフトさせる結合型の環境
- 異なる複数のデジタルやアナログのメディアを含み、それが機器や物体、サポート、多様な「百の言葉」などからなるインターフェースのシステムをつくっている環境
- 子どもたちが、プロセスを振り返って考える能力を駆使して、自分たちの物語りをつくったり、つくり直したりできる環境
- ツールのインターフェースに関連した限界や可能性と関連を持ちながら、子どもや大人が発する質問から活気づく環境
- 主観的な仮説を共通のものと考え、それが集団的世界の構築につながり続けていく環境
- 新しい美の次元を生み出す環境

可能な世界

　アナログ—デジタルの環境下では、想像上の状況（可能な世界）が創り出されます。認知の発達の観点から見ると、想像上の状況を創り出すことは、抽象的思想を発達させる方法だと考えられます。子どもたちは常に現実の要素から出発し、デジタルツールを使って、それに手を加え、形を変えながら、創造的で組み合わせる力を持った活動に取り組みます。子どもたちの作品は、しばしば実際のイメージの断片から成り立っていますが、その断片が集まって遊びの中で形を変え、日常生活の外にある想像上の宇宙を創ろうとして、新しい現実が出来上がるのです。この新しく創造された「可能な世界」は、前衛的なシュールレアリストの持つような形而上学的雰囲気を呼び起こすこともたびたびあります。
　「可能な世界」とは、感覚や示唆、語りの領域が拡大した世界で、デジタルイメージの中に存在しています。「可能な世界」は、それなしでは目に見えないであろう事象を提示し、子どもたちの中に、複雑で体系的な思考法を呼び起こします。「可能な世界」は、視覚文化の境界を越え、多言語のコードに開かれた、多次元かつ学問分野の垣根を越えたイメージを実現します。「可能な世界」とは、ちょうど劇場のセットのような、試行錯誤を重ね、近似値や仮説を求める忙しい創造活動の中で子どもたちの手や思いにより命を吹き込まれた、いわば「魔法をかけられた仮想の織機」のようなものです。当然、物を生み出す想像力の全ての形は、感情や愛情の要素も含みます。子どもたちは、びっくりさせるのも、びっくりするのも好きですから。

生きているものとの出会い

「デジタルネイチャー」と定義した「可能な世界」を探究し、掘り下げていく過程で、子どもたちは技術に基づくツールを使って自然を調査し、そこに予期せぬ側面が見え、独自の推測がなされ、これまでにない状況が生まれます。乳児保育園や幼児学校での学習分野の中でも、自然は、より自由でより活力のある学習へと織り込まれ、教育体験の意義をさらに豊かにし、生態学的構造の思考、つまり自然は私たち自身だという考え方につながっていきます。

このプロセスに横断的な焦点を当てることは、生きているものから研究を行い、知識と関連性を身につけるプロセスと言えます。つまり自然の主体に共感する次元に入り、その主体を知り、自分自身を知ることです。このために、私たちは、私たち自身のアイデンティティと観察している主体のアイデンティティの対話について語るのです。生きているものを研究するのは、単に形態学上のことではなく、人類学上の問題なのです。

以下のような、いくつかの異なるベクトルが、生きているものの研究に収斂されます。
- 文脈の価値、つまり主体とその生活環境との関係
- 「聴くこと」は、生きているものに対し共感し、熟考する姿勢
- 科学や想像力、表現力について考えるアプローチにおける、デジタルツールに仲介された「聴くこと」
- 身体性と多感覚性は、多分野に渡り、学祭的研究に必然的に含まれる
- 生態学的視点
- 同じ主体の複数の表現を支持する多次元の文脈
- 配慮と敬意
- 自然の時間：その変化や「動き」、予知不能であること

生きているもの、そのものから研究することは発見であり、デジタルツールによって子どもたちが、元の主題について、すでに明らかになっている領域を越えて、新しい、これまでと異なる物語りを創作することができるという意味において、認知し、再度発明することだと言えます。その意味で、自然と出会ったデジタル技術は、「ハイパーな機能を持った目」として、探し、表現する潜在能力を拡大し、それを主題の姿を解明できるところまで推し進める力を持っています。特にミクロな点でのぼやけ方や、異なるレベルでの焦点の当て方により、目で見た現実とは一致しない、これまで見たこともなかった表現が可能になります。生きている姿を研究することは、生きているもののこれまで隠されていたアイデンティティを引き出し、それを表現することにもつながるのです。

本展覧会で展示されているプロジェクトの構想を作った仕事のいくつかは、乳児保育園や幼児学校での同様な体験を進展させるための出発点になり得ると考えます。
- 日々の生活環境の中での、生きているものの研究として、子どもたちと実験すべき、より深い学びや研究の領域を特定できる
- 乳児保育園や幼児学校にある機器やソフトウェアの使用可能怵をマッピングすること。それにより、その機器やソフトウェアがアナログ—デジタルの異なる環境下で、どのような潜在能力を持っているかが理解できる
- 体験の中で収集したデータや知識を体系化し、記録に残すことの価値について、子どもや大人の意識を高めること。　記憶は予測のメカニズムにおいて必須であり、体験に基づく基礎を作る、学びの重要な要素である。したがって、集団的な思考の基盤をなす情報やデータ、アナログやデジタルの人工物、画像などが層をなし、組み合わさっている場所を構築することが肝要である。これらの継続しているアーカイブは、開かれた記録や記憶のように、誰でもアクセスでき、共有し、操作することができ、自身の知識のデータを整理および処理する方法とすることができる

「先駆者であるアメリカ人のコモナーは、『生態学とは、間違いなく未来を示す第一歩だ。私たちは—このことに確信を持たなければならないのだが—生態系の内側で生きている。つまり地球上での私たちの旅は、環境や自然、宇宙と共に歩む旅なのだ。有機体としての私たちの身体や倫理、文化、知識や感情は、環境や森羅万象、世界、宇宙と結び付いている』と言う。またコモナーは、『この大きなウェブ状の（クモの巣状の）システムの中に、私たちの生活は存在している。計り知れない、しかし必要とされる大きさのウェブ、それが私たちの生活の足場を構築しているのだ』とも言っている」（ローリス・マラグッツィ）[3]

3 From 'Talk at a workshop on progettazione in the scuola dell' infanzia,1988', in Cagliari P., Castagnetti M., Giudici C., Rinaldi C., Vecchi V. and Moss P. (eds.) (2016), Loris Malaguzzi and the Schools of Reggio Emilia, London, Routledge.

展覧会の企画を支える考えと想い

イザベラ・メニンノ

展覧会の実現に至るまでには、具体的に内容を伝え、比較の場を提供することができるようにという計画のもと、長く複雑な企画の道のりを経てきました。企画自体が、その性質上、様々な「生活形態」を含んでいます。すなわち、展示、討論、出版、設営、インスタレーション、そしてもちろん暮らし方や展覧会の概念を変えるアトリエの活動などです。このプロジェクトは、思考が博物館の展示のような結晶化された形で、あるいは問題に対して決まりきった形で沈殿することのない、進化し続ける空間を示しています。

会場の空間は、読み解き、考察し、行動できるスペースとして演出され、レイアウトされました。それは人々や子どもたちが経験し、そこで生じた疑問点や発見によって形を変えていけるように考えられた場所、複数のプロセスが可能で、冒険を試み、新しい想像上の世界を築くことのできる場所を垣間見たいという欲求を起こさせる、そんな空間とツールを備えた会場なのです。過度にパッケージ化されておらず、決して完全ではなく、多様な人たちのために様々なコミュニケーション形態で構成された道のりなのです。

職人技とデジタルの仕事の質

本展覧会には多くの要素が盛り込まれています。それは、乳児保育園や幼児学校がデジタルやアナログのツールを使い、様々な要素を様々な方法で織り交ぜて体験してきたからです。

自然は出発点でもあり到着点でもあり、常にそこに存在していました。再生し、変形し、変貌し、増殖する自然、拡大し、結合し、構成する自然、流動性を持つ、没入感のある、心地よい、恐ろしい、包み込むような、従順な、謎めいた自然。こうした自然の特徴は、しばしばデジタル素材やその可能性と同じ響きを持ち、倍増し、考案し、保管し、変化し、変形し、驚かせ、拡張し、広がり、液状化し、ゆがめ、騙し、混乱させるのです。

「職人の手」と「瞑想にふける魂」を持っている乳児保育園や幼児学校は、こうした言葉やそれから連想される概念を自分の物とし、さらに新しい物を創り出します。つまり園や学校は、職人として、また発明者として、思考とツールを「構築」しました。ツールを本来と違う、間に合わせの、創造的な、暫定的な形で使用し、そこから新しい空間―環境を考案し、必要性や要望に合わせていったとも言えます。

こうした考え方の流れに基づいて、本展覧会も計画されました。展示の基準については、園や学校の歩みを踏襲し、同じような空間を、時にはより広いスペースを取り、時にはある特定の細部や研究を選んで設定したり、プロジェクトの特徴の1つに的を絞ったりしてレイアウトを決めました。いくつかのツールや発明品は、形を変えたり、環境に合わせたりすることで、新たな使い方をしました。これにより、アトリエの訪問者に痕跡や提案を残す機会を与えることができました。流動的な空間は新しい映像と合わさり、環境を生み出します。

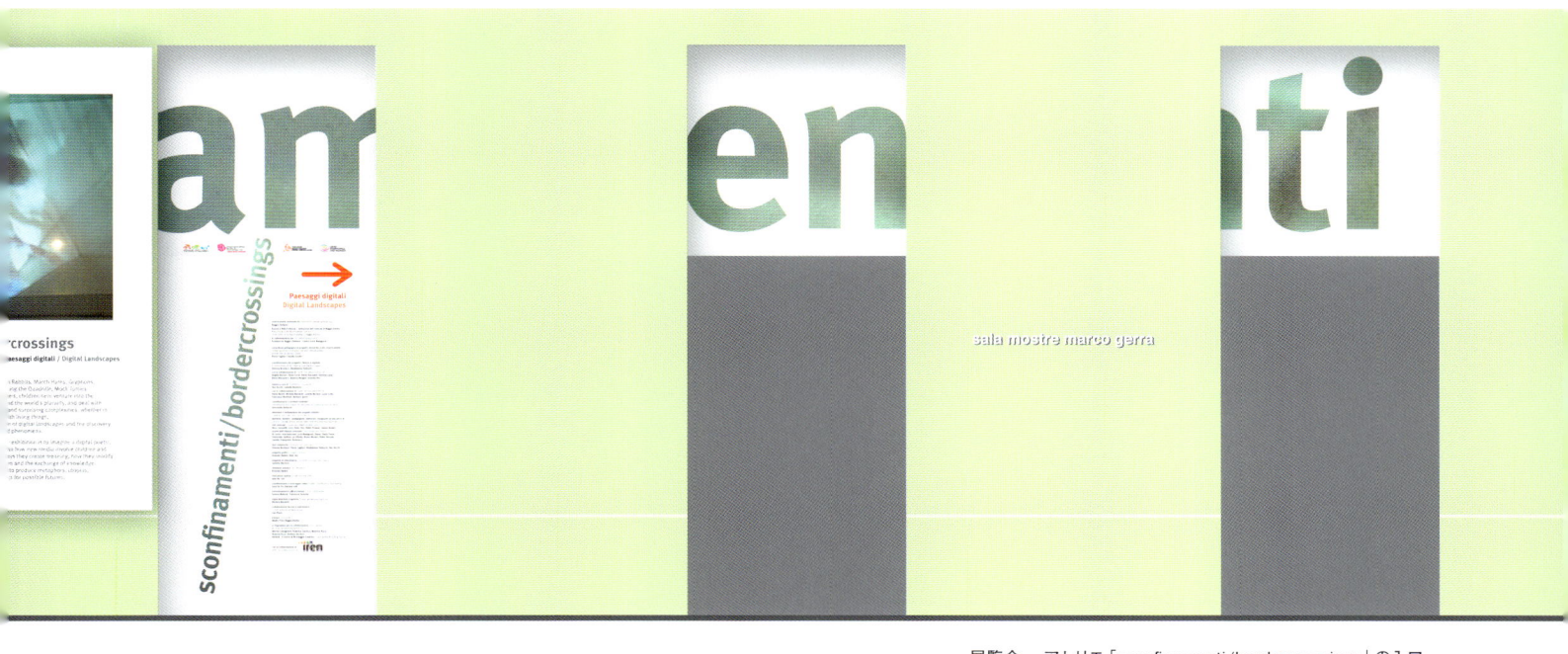

展覧会 —アトリエ「sconfinamenti/bordercrossings」の入口、
ローリス・マラグッツィ国際センター、レッジョ・エミリア

マルコ・ジェッラ展覧会ホール、ローリス・マラグッツィ国際センター：壁のドキュメンテーションと作品展示用テーブル

アトリエ　デジタルの風景

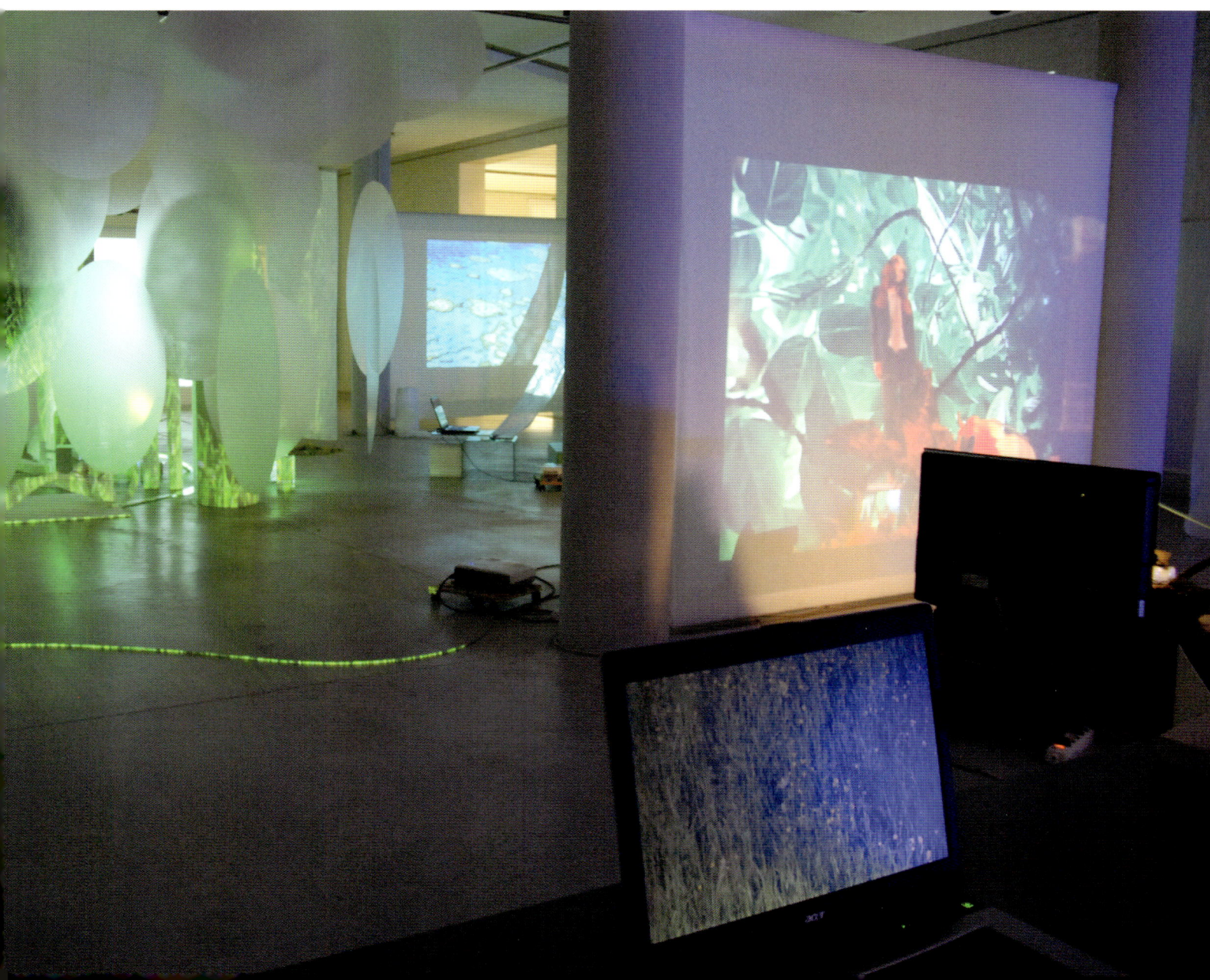

生きているものとの出会い_
展覧会

　展覧会は物語りです。15枚の「パネル」に記載された写真やイメージや文章は、各乳児保育園・幼児学校のプロジェクトを表し、その段階や過程を再現したものです。物語りの切り口により、読者は発端、つまり一つひとつのプロジェクトの開始時のひらめきを捉え、それぞれの道のりをたどることができます。

　「パネル」には、プロジェクト開始の瞬間とそれに続く瞬間が描かれ、当初のデータを再構成する子どもたちの能力が記録されています。子どもたちは探究者としての準備を整え、世界との出会いを吟味するために、新しい物や、すでに見たことのある物との新しい関係を築きます。それができるのは、彼らの持つ周囲の世界に関する新たなシナリオを開く、共感力の高い、感覚的で詩的な能力のおかげです。子どもたちはこのテーマに興味を示し、探究者としての一種の責任感を持ちます。そして謎を解き、理論を実験することに取り組み、もしかしたらだいぶ以前から慣れ親しんできた事象について、熟考した内容を発表する機会を捉えるのです。

　この流れの後で、乳児保育園や幼児学校は、様々なテクノロジーや素材、思考などを取り入れた体制を整えます。思考という豊かな素材は、境界を越えて、言語を含む「百の言葉」とつながっていきます。テクノロジーは、思考を記録に留め、連結し、想像上の混成した環境を構築する能力を有しているため、研究の対象物である自然が元々、非常に複雑なものである時に、テクノロジーこそ思考の再加工に役立つ自然の補填物とも言えるでしょう。

　画像として捉えられた自然は、すぐに再び自由になり、一方で思考の境界線は私たちが素材の中に入り込むにつれて徐々に広がっていきます。それは、これからも時を共に、常に変化し形を変えるだろう新しい観点を備えた、多くの暫定的な解決策の流れです。

　本展覧会は、各乳児保育園・幼児学校が体験してきた長いプロセスや多くの事象を要約した氷山の一角です。「パネル」は、この道のりがまだ終わっていないこと、そしてどの道のりにもハッピーエンドが待っていることを語っています。

陽気で
楽観的なデイジー

ジャンニ・ロダーリ

乳児保育園

作者と主人公：

2歳から3歳までの子どもたち
アレッシオ、アリーチェ、カロリーナ、カテリーナ、ダニエーレ、ファリーダ、
ジャコモ、ジュリア、グイド、イレーネ、ロレンツォ、ルチア、マルコ、マリア、
マッシモ、マティルデ、マッテオ、ニーナ、サラ、ソフィア、ソフィア、
ヴィルジニア、ウェリントン

教師：フィロメーナ・アンドリウロ、バルバラ・ファッビ、
シモーナ・マニーニ、リタ・ストゥルローニ

指導教師：ルチア・コッラ

ビデオセンター：ダニエラ・イオッティ

ペダゴジスタ：アンジェラ・バロッツィ、マッダレーナ・テデスキ

子どもたちの研究

それらは小さな子どもたちにも関わる"大きな"問題です。
彼らは、世界の意味を考え、道筋を立てようと一生懸命です。

みて、たくさんあるでしょ。アレッシオ

群生の中にも特性があること

デイジーは、繊細かつ粘り強い花です。
たくさんの花がまとまって咲き、どれも同じようですが、
一つひとつ違っています。姿を変え、成長し、枯れて、
また生まれ変わるところは、興味深い自然界の循環を表しています。
決まって同じ時期に草地に現れるところなど、
陽気で楽観的とも言えます。

出会い

デイジーに対する子どもたちの態度は、言葉通りの敬意を示しています。

まだ、とじたままなのは、さむいから。ジュリア

かぜがふくとダンスする。イレーネ
これはちいさい。ニーナ
これはピンク。リーチェ
たっているからいきているよ。アレッシオ
ぬれたときは、たいようでかわく。マリア
わたしにさわった、くすぐったい。アレッシオ

撮影 ルチア　　　　　　　　撮影 ニーナ

ママにデイジーをあげてもいい？　アレッシオ

デイジーはちょっと
おおきくて、おどる。マリア

「いろいろな方法で摘み取る」：文脈とツール

子どもたちの願いを見て、大人はデイジーの採取について、
様々な提案を見つけようと考えるようになります：紙のフレーム、
カメラ、ビデオカメラなど…、尊敬の念を生み、共感を育むために。

ちょうちょデイジー

本物の環境とデジタルの環境：想像力が膨らむ

おとをたてないで、しずかに、しずかにあそんでいる…。
くすぐるとちょうちょになってとんでいく…。
くらいときにみたことがある。ヴィルジニア

くらくしよう、しずかにして、まほうをかけるんだ。アレッシオ

きれいないろがいっぱいある！ ヴィルジニア
むらさきのちょうちょと、みどりのちょうちょをみた！ マリア

変身

投影されたデイジーは変身し、
想像の世界で、
大きくカラフルな
生きたチョウに姿を変えます。

ほら、あれがおきた。ヴィルジニア

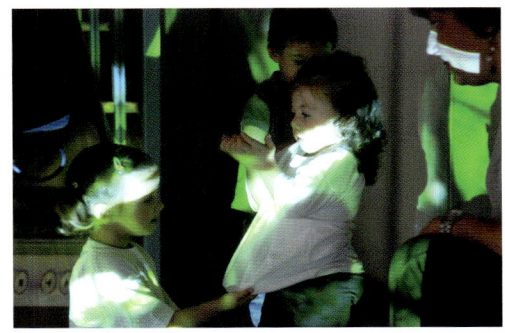

ちょうちょにへんしんした。ヴィルジニア

変身を絵で表現する

全てが混ざり合い、交配され、変わっていき、何かを生み出します。
これを子どもたちは、勇気を持って提案します。

わたしのデイジー。ヴィルジニア
デイジーをちょうちょにしたい。マリア

いろがちょうちょにかえる。ヴィルジニア

カタツムリとお散歩

アリーチェ
乳児保育園

作者と主人公：

2歳7ヶ月から3歳5ヶ月までの子どもたち
アレッサンドロ、アレッシア、キアーラ・O、キアーラ・P、クリスチャン、
エリジャ、フェデリコ、フラーヴィオ、ガブリエラ、ジネヴラ、ジョヴァンニ、
イラリア、クリスティーナ、ルカ、マリオ、ニコール、ブレイズ、ソフィア、
トマーゾ

アトリエリスタ：アンナ・オルランディーニ

教師：アントネッラ・カンパーニ、シルヴァーナ・ブラジレ、
フランチェスカ・ブランディ、ジョヴァンナ・ルシット

ペダゴジスタ：デアンナ・マルジーニ

出会い

草地の上ではカタツムリが、
ゆっくりと動いています。
子どもたちの目は
カタツムリにくぎ付けです。

はっていくけど…。
どこにいくのかな？ ソフィア
はっていくけど…。
おさんぽにいく。 クリスティーナ

接近

観察して、よく知りたいので、
カタツムリを少しの間、
教室へ連れていくことにします。

生育環境に戻す

カタツムリは庭の草地に
帰りますが、子どもたちの
目の届く場所にいます。

わたしもカタツムリといっしょに、にわにいきたい。
じめんにおろして、カタツムリのおともだちとあそべるようにしてあげよう。
ソフィア

子どもたちは、カタツムリに共感し、十分に感じとり、
自然の生育環境に戻してあげたほうがいいと言います。

子どもたちが選んで写真に撮った、新しい「美しい」生育環境

湿った葉

若草

食べられるサラダ菜

アイデアの持つ力

カタツムリの写真を撮りながら、子どもたちはカタツムリのための新しく、面白い、楽しむこともできる環境を設定しようとします。
楽しむことや遊びは、栄養を摂ることと同じくらい大切なことです。

カタツムリにまんまるをつくる。いっしょにあそべるように。 クリスティーナ
"まあるくなあれ (ring-of-roses)"* みたいにね。 カテリーナ

しゃしんをとっている…。カタツムリの…。 キアーラ・P

カタツムリが遊べる場所のセッティング

絵に描いたカタツムリ。本物のカタツムリの新しい友だち

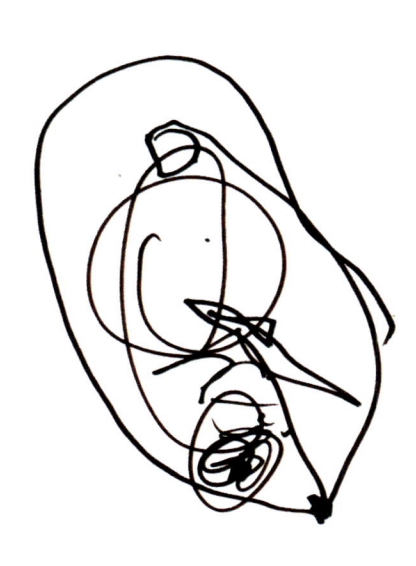

触覚 キアーラ・P

カタツムリの殻 フェデリコ

*子どもたちの遊びうた

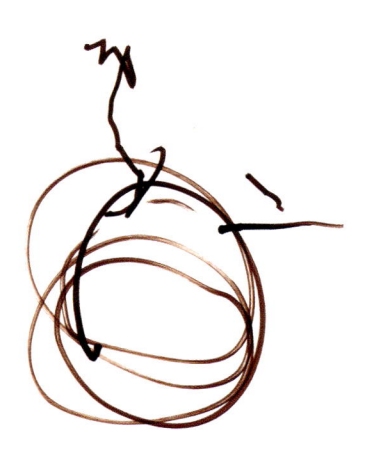

星のカタツムリ エリジャ

大きなカタツムリ フェデリコ

デジタル環境

写真は壁や、天井や、床に投影されます。
「外」が「内」と遊び、本物のカタツムリが
バーチャルのカタツムリと遊ぶのです。
デジタルは楽しみを増幅し、境を越えて
高みを目指す気持ちを育みます。

あれはほんものじゃない、
おおきいから…。マリオ

うごいているよ、みて…。マリオ
しずかにしよう、じゃないとおきちゃうから…。ソフィア
わたしたちはカタツムリ、3びきのカタツムリ…。ソフィア
わたし、カタツムリのなかにすわっているの。
カタツムリはそとにつれていってくれる、おにわに。ソフィア

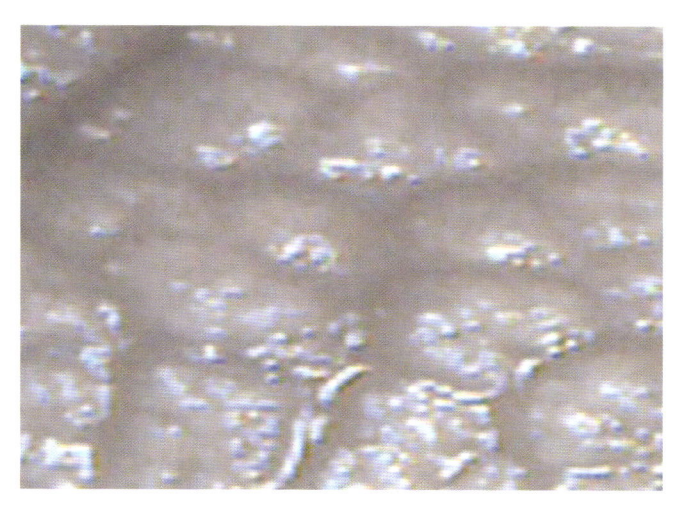

くもだ！ マリオ
すごくおおきい！ クリスティーナ

カタツムリの表面を大きくしたもの

おひさまから見た
レンギョウ

ピーター・パン
乳児保育園

作者と主人公：

1歳10ヶ月から2歳8ヶ月までの子どもたち
アルフォンソ、アンナ、アジア、ベネデッタ、カミッラ、ダヴィデ、ドリアーナ、
フェデリコ、フラヴィア、フランチェスカ、ガブリエーレ、ジャーダ、ジョヴァンニ、
ハムザ、レオナルド、リンダ、ナディア、リッカルド、トマーゾ、ヴィオラ・F、
ヴィオラ・L

アトリエリスタ：シモーナ・スパッジャーリ

教師：アレッサンドラ・ムッル、アンナリーザ・ロッキ、カロリーナ・トレッリ

指導教師：ルチア・コッラ

ペダゴジスタ：エレナ・コルテ

発見

園庭にレンギョウの花が咲いています。
密生した茂みを作っているので、隠れ場所にぴったりです。

なまえ（フォルスィツィア：レンギョウ）がおしえてくれる…、
つよい（フォルス）っていういみ。フェデリコ
つよいきはゆきのしたでも、
あついたいようでもぜったいにしなないんだよ。トマーゾ
このしげみはおひさまがすき。ぜんぶきいろだから。フェデリコ

お互いの眼差し

レンギョウは子どもたちに観察してもらい、
めぐる季節の移ろいの中で物語りを伝えます。

なかにはいってみるね。
ぼくはどこにいるとおもう？
さがしてくれる？
フェデリコ

おはながさいたしげみ、
おひさまもみている。ナディア

花の絡まり、影の絡まり

レンギョウは、枝と花と影と、かくれんぼをする場所が
絡み合ってできています。中に入ると特別な感覚を覚える場所で、
草の上には、その新しい姿が映し出されます。
様々な形と影の色。

絡み合った花の色彩を描きます。
影と相性の良い道具である大小の木炭や石墨を使い、
投影された輪郭をなぞります。

フェデリコ

二重のプロジェクション、自然とデジタル

ビデオプロジェクターを使った映像により、
庭での冒険の記憶を保ちます。
その世界に入り込んで夢中になれる体験です。

大きな布の上にはモノクロのイメージが投影されています。
レンギョウはそこに影を映し、魔法のように神秘的に見えます。

しゃしんみたい、でもうごく、とりのこえもきこえる。
しずかにしているときこえる。 ベネデッタ

きいろいやねのぼくたちのいえだ。 フェデリコ
ここはとってもきれい、きいろいしげみみたい。 リンダ

しげみがおひさまにあたってる リンダ

おなかにしぜんのきいろがある。フランチェスカ

きいろいはなをつかまえる。
ほら、このなかにいる。フラヴィア

えだにさわれる。
すごくたかいところにあるから、
きからおちないように
きをつけないと。フランチェスカ

きいろたちがわたしのなかにも。えだとおどっているの。
きいろといっしょにでんぐりがえししているの。
ベネデッタ

レンギョウ
時間と季節の移り変わり

太陽や雨、霧、動物の存在などが、
日に日にレンギョウの新しい側面を明らかにし、
デジタルの冒険により、
時間と季節の移り変わりを混ぜ合わせることができるのです。

森の光

パブロ・ピカソ
乳児保育園

作者と主人公:

2歳から3歳までの子どもたち
アンナ、アウローラ、カミッラ、クリスチャン、ガブリエーレ、ジャーダ、イレーネ、
イザベラ、ルカ、マルゲリータ、マッテオ、ミア、ピエルジョルジョ、サラ、
リッカルド、トーマス

教師:エリーザ・ベナッシ、アヌンツィアータ・コッロカ、ヴィルナ・デル・リオ、
フィロメーナ・ディ・ヌッツォ、エマヌエーラ・グアランドリ、
ファツィア・マンフレーディ

ペダゴジスタ:ジョヴァンカ・リヴィ

特別な場所

この小さな森は、
毎日ここへ来て過ごす
園の子どもたちにとっての
特別な場所、子どもたちが愛し、
興味を引かれる場所です。
日々姿を変える
大切な存在なのです。

かくれんぼをしたり、遊んだり、木に登ったり、
観察したり、背の低い茂みの間にできた穴にもぐり込んだり、
発見したりする場所…。
生きものたちや子どもたちの間に出会いが生まれます。

眼差しを広げる

子どもたちは、写真を撮る前に森のアイデンティティを「感じ」、
自分の身体で森の本質を捉える必要があります。
子どもたちは、触り、抱きつき、観察し、においを嗅ぎ、耳を傾けます。

やわらかいよ…。マッテオ
そこにさわってみた。「やわらかく」した。アレッサンドロ

撮影 マッテオ

視点

カメラを使う時、眼差しは何かを探しながら空中を移動して、
状況を再構築しているように見えます。

自然の光 —
明るさのバリエーション

子どもたちは森の重要な要素を
集めます。
木の葉を通して見える自然の光
のバリエーション。

そらをみると…、
ちょっとしろくて、
それからちょっとあおくて、
ちょっとみどりだ。
ガブリエーレ

撮影 フェデリカ

うえのうえはぜんぶとじている…。
はっぱがぜんぶとじているの。
フェデリカ

光のデジタル素材
自然の光には様々な特徴が表現されており、
それは園の室内で提供されているデジタル環境の中に活かされています。

3次元の環境
なかにいる、もりのなかみたいに…。 アウローラ

3次元のプロジェクションは、
遊び心と驚きに満ちた状況を創り出します。そこからは、
ある種の瞑想的で、没入型の、表象的なダンスが生まれます。

ぜんぶ、みどりにみえる…。
わたしたちのもり！ アウローラ

わたし、もりのなかにいる！
アウローラ

コンピュータからもりがみえる。 イザベラ

森の光線
現実の映像が新しい光線を
受け入れる背景になり、
光線は重なり合って
記憶を呼び起こしたり、
想像上の物語りを
思いつかせたりするのです。

森の光

木への贈り物

ジェノエッファ・チェルヴィ
乳児保育園

作者と主人公：

1歳6ヶ月から2歳7ヶ月までの子どもたち
アガタ、アイーダ・マリア、アッレグラ、アンドレア、アウローラ、ベネデッタ、
カミッラ、カルロッタ、ダニエーレ、ダヴィデ・B、ダヴィデ・V、エンマ・G、
エンマ・M、フェデリコ、フランチェスカ、ガブリエーレ、ジネヴラ、イレーナ、
マイテ、マリカ、マリア・マッダレーナ、マルタ、マッテオ・マリア、マティアス、
シモーネ・G、シモーネ・M、ヴィルジニア、ヴァレンティーナ、
ヴィットリオ・マリア、ユリ

アトリエリスタ：バルバラ・クインティ

教師：エルネスティーナ・コデルッピ、ニコレッタ・シルヴェストリ、
イラリア・ザネッティ

ペダゴジスタ：アンジェラ・バロッツィ

チェルヴィの園庭は、
季節の変化と共に異なる花が
咲き、芽を吹き、光や色が
変わっていき、共生する
植物が一体となって
多くの姿を表しています。

見栄っ張りな木
（ニセアカシア）

複数の知覚による探究

子どもたちが庭で出会う木には、
アリやクモなどの昆虫や、
コケやツタなどの他の植物が
一緒に住んでいて、
探究するにはぴったりの
小さな生態系のように見えます。

触覚

やわらかい…。 マリカ
はいいろだ…。 アンドレア
かたい…。 ユリ
きのひふみたい…。 エンマ・M
きのかわは…、ちゃいろときいろで、
すこししろもまざっていて、
きのこながパラパラはがれてくる。 ダニエーレ

聴覚

このきはきょうりゅうの
あしみたいにかたい！ ヴィルジニア
このきはパリパリしたおとがして…、
こなごなになっちゃう…。
ヴィルジニア
えだはいろんなおとをおもいだす、
5つのおと、えいごのおと…。
ダヴィデ・V

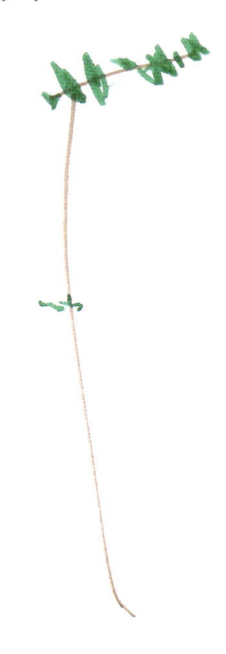

木 アガタ

ピスタチオの木（針葉樹）

子どもたちは、その木の特徴に関する
起源や本質について、いくつかの仮説を立てます。
ものをみどりにぬる！ ダヴィデ・V
ピスタチオのきよ。 ヴィルジニア
みどりなのは、ずっとたかいところまでとどくから…。
みどり、みどり、みどり…。ダヴィデ・V
ここからはじまってる。
じめんから、このはっぱのところから。 ヴィルジニア
この木にとってみどりはなぜ必要なの？ 教師
がんばってがまんしている。
ぜったいにはっぱをおとしたくないからよろこんでいる！
ヴィルジニア

プロジェクションと新しい実体
ハグできない、ほんものじゃない、いたずら！ エンマ・M
さわったよ、これはきのかわ。 ほら、てのうえにある…。ダヴィデ・V

特別な贈り物
樹皮を探究しながら子どもたちは小さなへこみが何ヶ所かあるのに
気づきます。 自然の断片を置いておくことのできる秘密のくぼみです。
それはすぐに「特別な贈り物」として友だちの目に触れることになります。

アリへのサプライズ

アリ マティアス

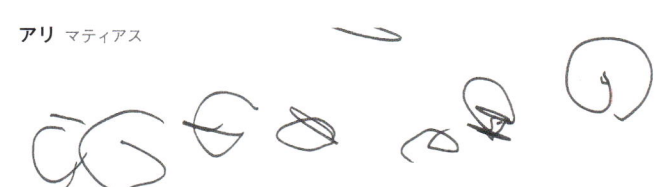

アリをみつけた…。
アリのためにはしをつくる。 ダヴィデ・V
アリをびっくりさせよう！ アイーダ

木への贈り物を考えることで、子どもたちは小さな葉や殻、花、小枝、草など、庭にあって、常に庭の景観を変化させている素材を観察し、集めるようになります。子どもたちが美しいという時、それはあらゆる形の生きものに対する心遣いや連帯感を思い起こさせます。これがお互いに耳を傾け合う関係を築くのです。

木への贈り物

きのいとだ…。 ダニエーレ
それはきのつづきて、たっているためにひつようなんだ…。 ダヴィデ・V

きいろいはなをのせた…、デイジーをのせたの！ フランチェスカ

植物の効果：
花から始まる、
新しいプロジェクトへ

ブルーノ・ムナーリ

幼児学校

作者と主人公：

5歳から6歳までの子どもたち
アリーチェ、アンナ、アルビン、アジア、ブライアン、シンディー、ダヴィデ、
エジーディオ、エットレ、フィリッポ、フランチェスコ、ガブリエーレ・C、
ガブリエーレ・P、ジャーダ、ジョヴァンニ、ジュリア、イザベラ、ロレンツォ、
ルカ、マルティーナ、ネジミエ、ニコラス、ノエミ、ロザンナ、トマーゾ

アトリエリスタ：バルバラ・クインティ

教師：サブリナ・コンジュ、アンナ・タンブリーニ

ペダゴジスタ：シモーナ・ボニラウリ

発見

学校の庭に咲くパッションフラワーは、美しく独特な姿で、
気づかずにはいられません。
そのなまえの意味をおしえてあげる。
「神さまの涙の花」＊っていうなまえなんだ。
だって、花びらが神さまの涙みたいに見えるから！ エジーディオ
何年か前に植えたパッションフラワーは、時が経つにつれて長くなり、
周りの植物と織り混ざり、ところどころこんもりとした"緑の絡まり"
を作っています。そこにはたくさんの新芽が隠されていて…。
ここにたくさん出てきているよ！
ほら、見て、これはずいぶん大きくなっている！　ぜんぶ絵にかこうよ！ ルカ
どんどんむずかしくなっていく！ エジーディオ
＊パッションフラワー（passiflora）の名前は、キリストの受難を象徴するシンボルに似
　ていることから名付けられている

最初の描写

植物を近くから観察しながら、
子どもたちは花の種類の多さに
少しずつ気がつき、びっくりします。

神さまの涙の花 エジーディオ

植物の誕生と増殖

子どもたちは、最初に描写したものをスキャンし、
フォトリタッチプログラムに取り込み、
植物を思い起こさせるような構成や調和を考えながら、
画像を重ねていきます。
3つ生まれた！ エジーディオ
成長する植物の表現は、絵画からデジタルへ、またその逆へと、
のびのびと自由に移っていきます。
毎日、ぼくたちはこの植物について新しいことを見つける…。
1日目は「神さまの花」を見つけたし、つぎには"マカーク"＊を見つけた。
それから白い花を見つけた！ ルカ

＊macaque（サル）とmaracuja（パッションフルーツ）の
　2つの言葉を入れ替えた子どもたちの造語

構成要素の発見

植物の実の写真を撮り、
切ってまた写真を撮り、
絵に描きます。
それは植物に欠かせない
一部分です。時が経つと、
そこから新しい植物が
生まれるのです…。

成長する植物 エジーディオ
デジタルと紙の間を
行き来する描画

パッションフラワーの実
写真による調査 ガブリエーレ・P

"マカーク"っていうのは
神さまの涙の花が生まれてくる
たまごのことだよ…。
みどりのタネが入った小さい
ふくろがついている！ エジーディオ

"マカーク"の絵を描かなくちゃ、そしてコンピュータに
とり入れて、ぼくがやったようにふやすんだ。
そうすれば、すごくたくさんのマカークができる。
エジーディオ

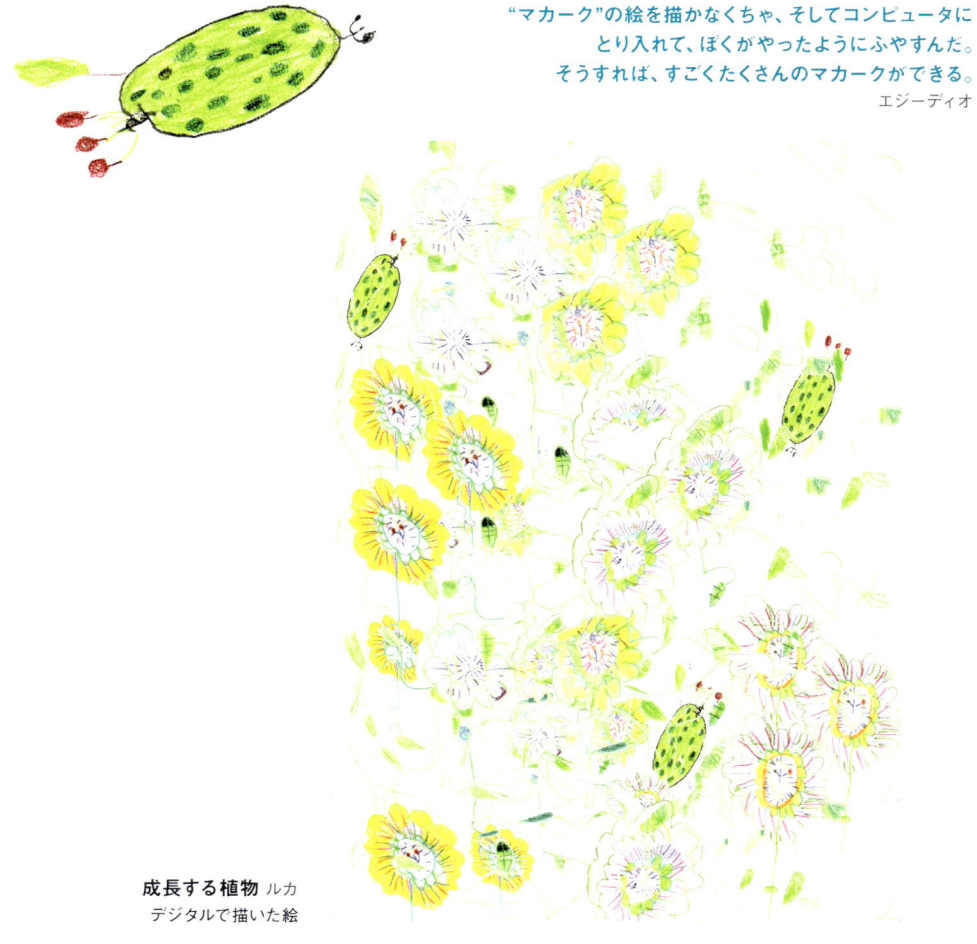

成長する植物 ルカ
デジタルで描いた絵

庭のフェンスのための視覚的発明

植物は下からのびているけど、どこからか、はっきりはわからない。
ぜんぶの枝がからみ合っているから…。ルカ
ここからはじまっているよ…。そこの線にそって…。エジーディオ
…かきねのおわりまでずっと！ルカ

タネの絵を描いて、それから花が咲いた木を描いて、
もっと花をたくさん描けば、さいごにはかきねが完成する！
これこそ「植物の効果」だ！ エジーディオ

はだかのかきね フランチェスコ

「植物の効果」とは、周囲を取り囲んでいる物を侵略し、進み、覆っていく「成長する自然の持つ力と生命力」を意味します。
子どもたちは自然からこの「効果」を取り入れ、園庭の垣根を変えようと考えます…。
子どもたちは、絵に描いたものをプリントし、そこにあるパッションフラワーをもっと長くしようと思いつきます。
そうすれば、垣根のむき出しの部分を覆うことができます。
自然と表現をつないだ一種のインスタレーション作品と言えます。

植物の効果 エジーディオとフランチェスコ

ツタの一生：
語られるべき物語り

ローリス・マラグッツィ国際センター
幼児学校・小学校

作者と主人公：

5歳5ヶ月から6歳5ヶ月までの子どもたち
アニェーゼ、チェチリア、チャド、キアーラ、チーロ、ダニエーレ、エレオノーレ、
エマヌエーレ、エンマ・C、エンマ・P、エマヌエル、エヴァ、ジョージ、ジュゼッペ、
キングストン、ラミネ・バラ、ロレンツォ、ルカ、ベアトリーチェ、マルティーナ、
マティルデ、サムエーレ、ソフィア、スザンナ、テゼオ、シン・ジ

アトリエリスタ：フランチェスカ・マンフレディ

教師：サブリナ・ボナチーニ、デボラ・ラゴ

ペダゴジスタ：マッダレーナ・テデスキ

学校の庭に生えているツタは複雑な生物で、
それを見た子どもたちはたくさんの質問を思いつきます。
例えば、「どこで生まれたのかな？」。
子どもたちにとって自然物は、耳を傾ける物語りであり、
人に話して聞いてもらいたくなる物語りを持った存在なのです。

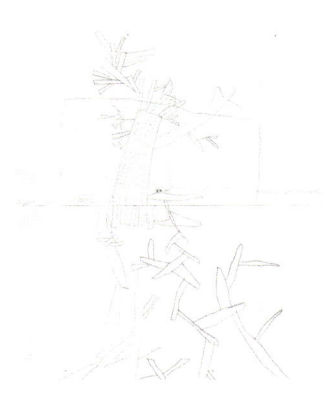

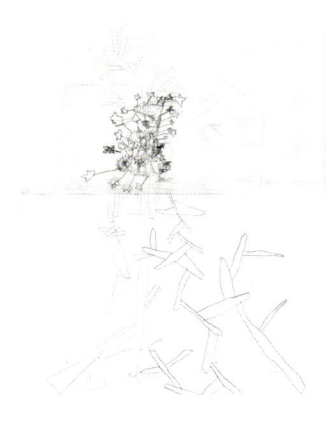

いまは秋。
まだ葉っぱがないからね。ルカ
根っこは深いところにあって、
深いところでは息ができない。
だからふくらんで爆発しちゃう、
それで空気が下までおりていくと
息ができるようになるんだ。
サムエーレ

さあ、ツタを育てよう。サムエーレ
さいしょは小さな植物だけど、
木につながってまきついて登るんだ。
ルカ

どんどん根っこがふえて、
枝もふえて、葉っぱもふえて、
さいごには大きなかたまりになる！
サムエーレ
タネは植物の心臓だ。ルカ
そう、人間にもある。サムエーレ

植物どうしはどうやって
話しをするのかな？
根っこから植物まで
音が上がっていって、
話しかけてコミュニケーションをとる。
音波みたいなものだ。ルカ

生きているものの調査

子どもたちとツタの間には、日々の親密な対話が生まれます。

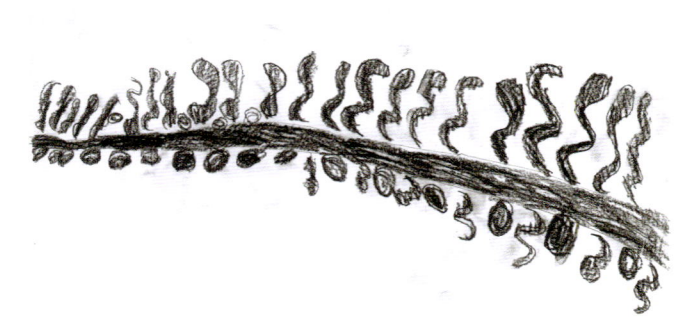

風でふきとんだ枝が、
いまは壁にしがみつこうとしている。
どうやってがんばったのかな？ ルカ
葉っぱは何かにくっついた時、
そのままがんばっているから。
マティルデ

撮影
ルカ 5歳6ヶ月
ダニエーレ 5歳4ヶ月
ロレンツォ 5歳5ヶ月

小枝、根っこ、とげ マティルデ
木炭

風の中の葉っぱ ベアトリーチェ
水彩

葉っぱ キアーラ
石墨

ツタのいろいろな緑 アニェーゼ
テンペラ

外で見つけてきた物

アイデアのプラットフォーム

学びの環境は、複数の場所が互いに結び付いて出来上がっています。
外の世界、ツタが生きている場所、そしてアトリエ、それらは"探究を
続ける場所"です。

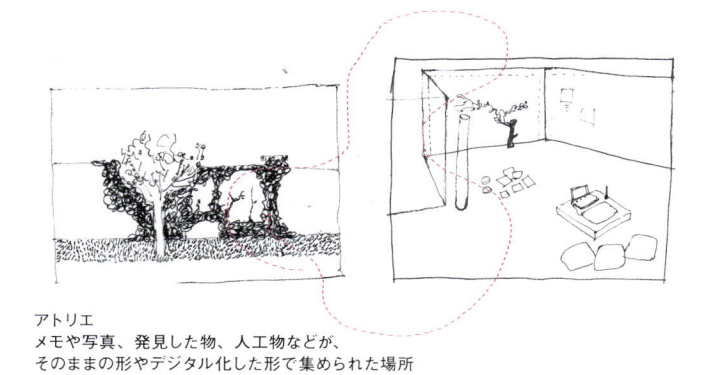

アトリエ
メモや写真、発見した物、人工物などが、
そのままの形やデジタル化した形で集められた場所

再生 ツタ.01

ツタの枯れた小枝に命を与えます。
くっついているということは、
いとこやきょうだいや、ママ・パパや、
おばあちゃん・おじいちゃんとか、
おばさんとかになること…。つまり、
毎日ずっといっしょにいることだ。
ジュゼッペ

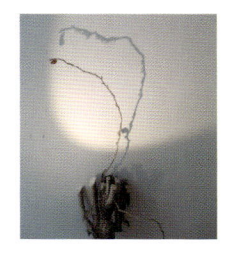

画像のデジタルアーカイブ

もう少し育てば、生きているといえる。エマヌエル
ぼくたちはこれを作って、さいごに本当にもう一度生かすために
なまえをつけた。「ツタ.01」とよぶことにした。ジュゼッペ

「ツタ.01」の活動は、異なる媒体やサポートツールを織り交ぜて融合する継続的なプロセスの中で、一人ひとりの活動を生き生きとしたものにし、潜在的に集団としての活動にも命を与えます。

「ツタ.01」のプリントから始まったチェチリアの絵

投影した画像の上に描かれた葉

増殖—巨大なツタ

ツタは、とっても大きい！ みんなでいっしょに一枚の絵を作ろう、大きなツタの一部分を描くんだ。ダニエーレ
コンピュータの画面で、たくさんの葉っぱを作ろう。そのデザインをいっしょに集めよう。
そうしないといつもおなじ葉っぱばかりで、つまらないから。ベアトリーチェ

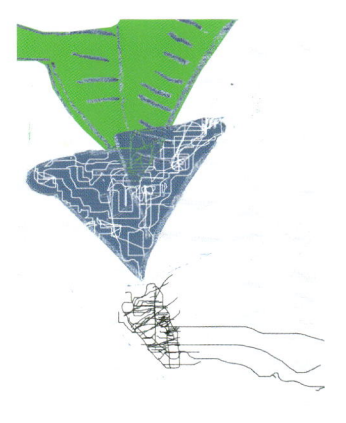

葉っぱのおばけ エヴァ
フォトリタッチプログラム

たくさんの葉っぱ エヴァ
オイルパステルと色鉛筆

協働作業の環境

木肌の中に

パウロ・フレイレ
幼児学校

作者と主人公:

5歳から6歳までの子どもたち
アレックス、アンナ、カルロ、キアーラ、クラウディオ、ダヴィデ、
エレオノーラ、エンマ・G、エンマ・P、エヴァ、フランチェスコ、ジュリオ、
グレタ、イダ、マリア・エウジェニア、マティルダ、マティルデ、マッテオ・F、
マッテオ・P、ニコール、リッカルド・M、リッカルド・T、ソフィア・M、
ソフィア・S、ヴィットリア、ヴィットリオ

アトリエリスタ:ランフランコ・バッスィ

教師:バルバラ・ベルトラーミ、ジョヴァンナ・ナストリ

ペダゴジスタ:エレーナ・マッカフェッリ、アンナリーザ・ラボッティ

生命に関する考察
庭で子どもたちは、木肌や、
岩の割れ目を観察し、
生命と時間について考えます。

木の皮にはいのちがある。
いのちはものを生かす。マッテオ・P
すべてのものには
いのちがある。マティルダ
いのちは永遠につづく。ニコール
時間がたつと、
木の皮もぼくたちとおなじように
としをとる。アレックス
すべてのものには皮がある、
必要だもの。木の皮は
手の皮とおなじようだわ。エヴァ

生き物との似ている点や違いを探し、これを結び付けることで、
子どもたちはすぐに共感を覚えました。
皮膚と木肌の間にある近さの探究をサポートします。

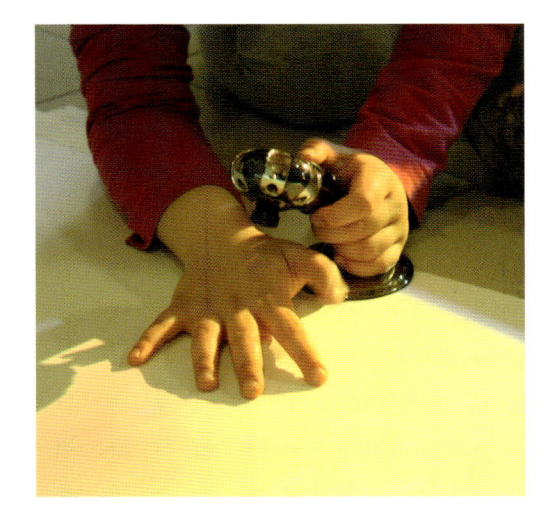

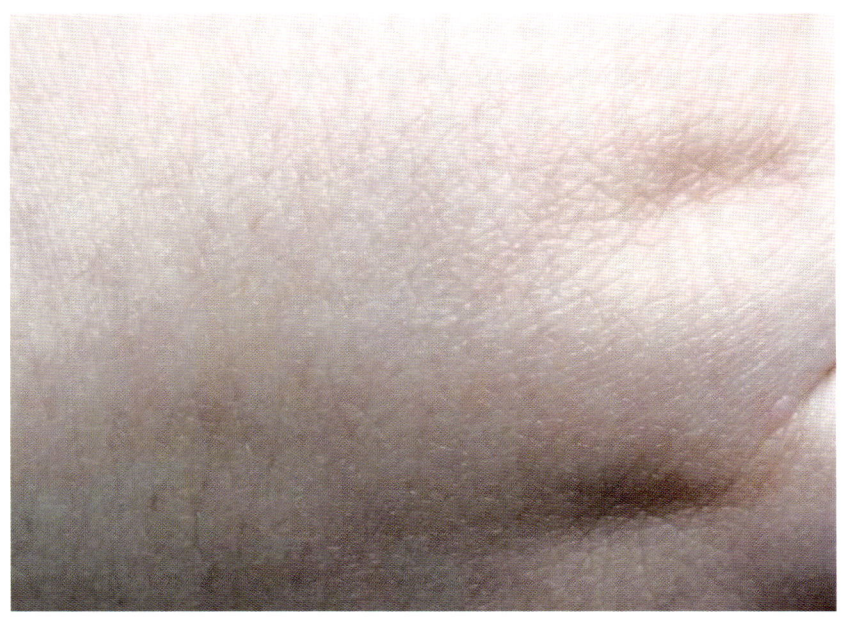

木が小さいときは皮も小さくて、それから中くらいになって、でっかくなっていく。カルロ
その皮はわたしたちの皮ににている。 羽根をむしったニワトリみたいで、
ニワトリには木の皮はなくて、かわりに羽根があるの。ソフィア・M

肌、素材

子どもたちは自然の素材を使い、ウェブカメラ、スキャナー、
プロジェクター、土粘土などの様々なツールを用いて大忙し…。
オーケストラと同様、いろいろな「音」と様々な効果を生み出しています。

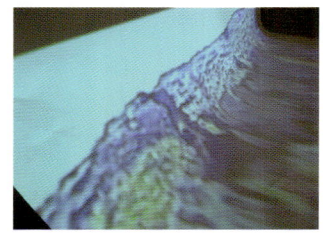

自然に戻る。ニセモノの皮のトリック
木の皮ににた紙をえらぼう。ニセモノの皮のトリックだ。リッカルド・T
木の皮ににせたあの紙に水をかければ、
木の幹の皮とそっくりおなじになる。マッテオ・F

カモフラージュ
トリックみたいなもの。グレタ
木が紙のすがたをかえた。マッテオ・F

軌跡

ジロトンド
幼児学校

作者と主人公：

5歳5ヶ月から6歳までの子どもたち
アレッシア・B、アレッシア・M、アレッシオ、アウローラ、カミッラ、ダリア、
ガブリエーレ、ジャコモ、ジュゼッペ、トーマス、ヴァレンティーナ

アトリエリスタ：アルベルト・ベルトロッティ

教師：アンナ・ビッツァッリ、アレッシア・フォルギエーリ

ペダゴジスタ：エレナ・コルテ

飛行、空洞、動き、
これは以前から幼児学校で子どもたちに勧めてきたテーマです。
宙に浮いた状態や、何もない空間や時間に対する
特別で繊細な環境が作り出されたのです。

子どもたちは、飛行に特に興味を持っている

描くことによる表現

飛行の概念と結び付いた見方に軌跡があります。
子どもたちの研究の中で、これは空中を浮遊する様々な物体や
その動きを識別する特徴と捉えられます。

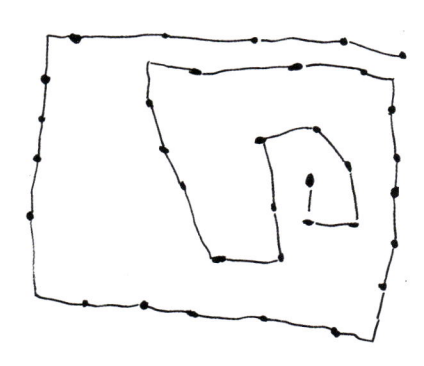

羽虫の飛行 ジュゼッペ

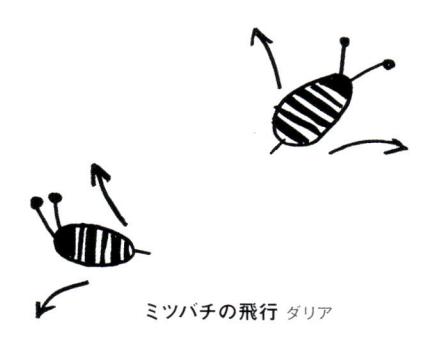

ミツバチの飛行 ダリア

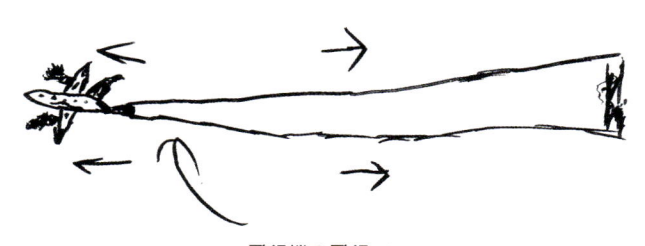

飛行機の飛行 ジャコモ

軌跡：跳ねるしずくと"空っぽの時間"

雨どいからしたたり落ちるしずくの軌跡を見て、
子どもたちは他の2つの動きの要素に注目します。
しずくは上から下へ動いていた…、ということは、1つのしずくともう1つの
しずくの間には"空っぽの時間"があるんだ。ガブリエーレ

1つのしずくと次のしずくの中間にある時間と空間は
測ることができます。 物理学でいう時空分数です。
子どもたちは、それを"空っぽの時間"と呼びます。

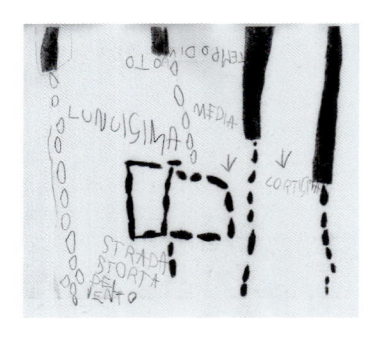

しずくと跳躍：関連と結び付き

NO：もし何かがボールのようにころがるなら、"空っぽの時間"はないよ。
ずっと地面にくっついているんだから。ジャコモ
YES：しずくが落ちる動きは、はねる時の足の動きににているわ。つまり、
1つのしずくと次のしずくの間に過ぎる時間は、飛びはねる時に足と地面
の間に過ぎる時間とおなじなのよ。カミッラ
…飛びはねる時に足と地面との間にある空間のことだね。ジャコモ

子どもたちの跳躍と空っぽの時間

跳躍は重力に反して空間を通る動きです。
空間／時間は、重さや姿勢や、飛び跳ねる時のエネルギーによって
計測されます。子どもたちは、こうした変数を探そうとして、
何度も飛び跳ね、軌跡を調べ"空っぽの時間"を計算するのです。

仮説と比較

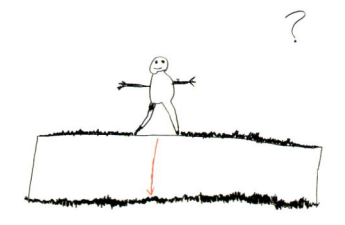

やじるしで軌跡を見せようとおもう。
でも、はてなマークをかいた。
ジャンプした時に何をしているのか
わからないから。でも、
やじるしが向いている方向に行く。
ジャコモ

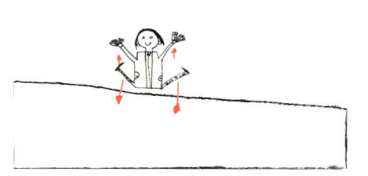

わたしは両手と両足を広げている。
下へ向かうやじるしは、
わたしが着地する場所をさしていて、
上へ向かうやじるしは上で上げた
腕をさしているの。ダリア

ぼくは腕から下にいく軌跡をかいた。
ジュゼッペ

実験と検証

軌跡には2種類ある。
下に行く軌跡と上に行く軌跡だ。
軌跡がどこに行くかを知るには
注意深く見ないといけない。
ジュゼッペ

飛びはねる時に動く空気は、どこからジャンプするか、
どこに行きたいのかによる。カミッラ
あ！ あそこの空間は空っぽの時間だ。ジュゼッペ

想像上の軌跡

子どもたちは、跳躍の一連の動きを絵で再現します。

足を曲げてジャンプしようと
準備している人物の研究
ジュゼッペ

2　　1　　3　　4　　5　　6　　7　　8　　9

ジャンプするにはひざをまげないと。
ジュゼッペ

＊矢印はどこで膝を曲げればよいかを示しています。

足を曲げてジャンプしようと準備している人物の研究 ダリア

66

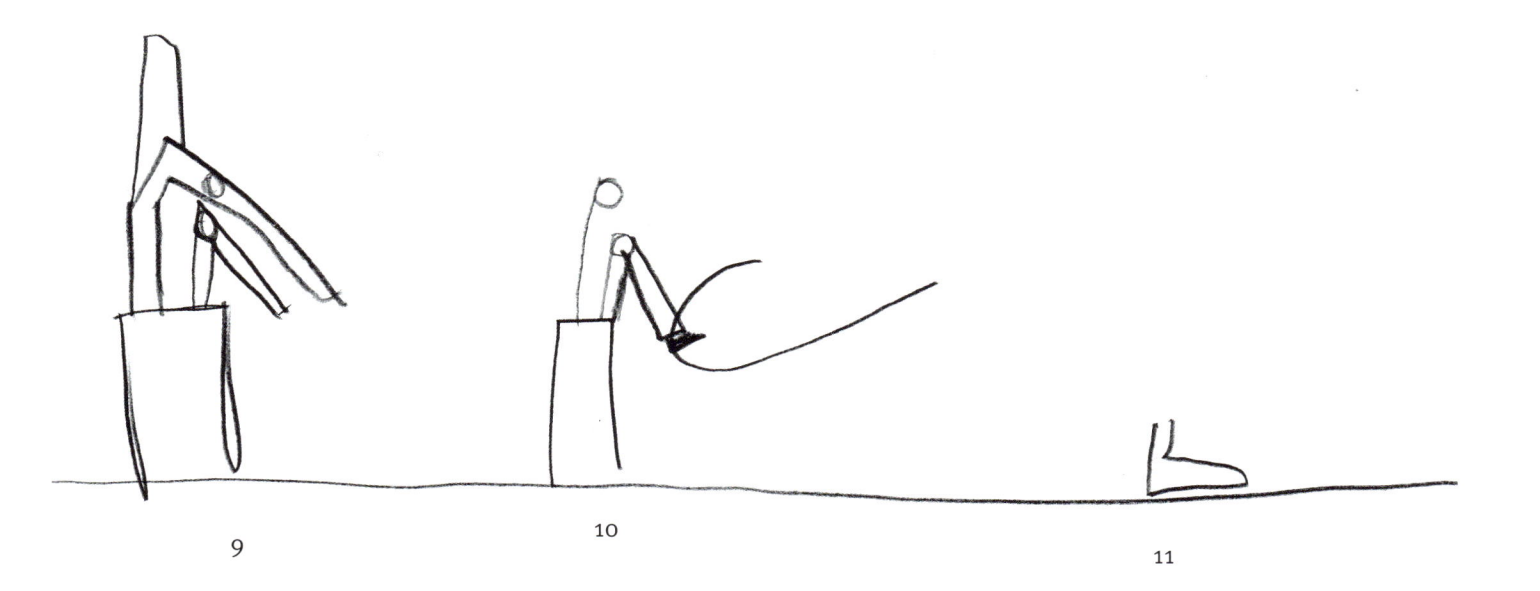

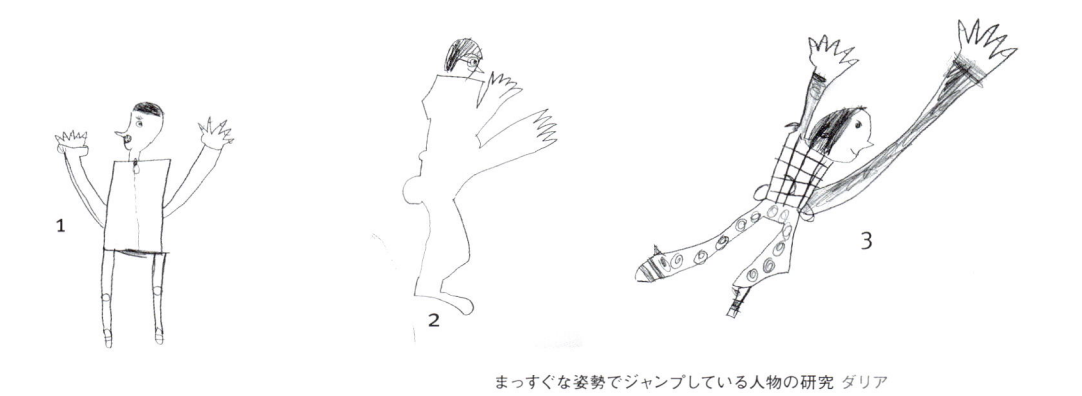

まっすぐな姿勢でジャンプしている人物の研究 ダリア

完璧な場所

ガリバー
幼児学校

作者と主人公：

5歳5ヶ月から6歳3ヶ月までの子どもたち
アンナ、キアーラ・B、キアーラ・G、キアーラ・S、コッラード、ダナエ、ダニエル、
ディエゴ、フェデリコ、フィリッポ・G、フィリッポ・T、フランチェスコ、ジェニー、
ジュン・タオ、ルクレツィア、メリエム、ミシェル、ミラクル、ニスリム、ピエトロ、
リッカルド、サムエーレ、サムエル、サラ、ステーファノ、ウラジミール

アトリエリスタ：フランチェスカ・フィオリーニ

教師：ラウラ・イルデ・ボッタッツィ、エリーザ・デガーニ、デリア・ドネッリ

指導教師：パオラ・バルキ

ペダゴジスタ：エレナ・コルテ

完璧な場所

発見

学校の入口のそばの狭くて小さい場所に、
階段とセメントの床に挟まれて、イチジクの木が芽を出していました。
この、見通しが悪く、人目につかず、生き物など何もいないように
見える年月を重ねた場所に、風が枯葉や鳥の羽や小枝を運び、
そこから小さな植物の新しい命が生まれたのです。
最初に気づいたのは子どもたちです。

DANAE

原動力になる眼差し

調査してみると、その小さな空間は生命が宿る場所だと分かり、
イチジクは美しさを探究する原動力になります。
美しさは空間や境界線を、そして眼差しや創造力をも広げます。

空が見えるから、すてきな場所だ。
サムエーレ

石の下には土がある。フィリッポ
根っこが水をすって、
水がどんどん上に行って、
それでまた育つんだ…。
ミミズ、ケムシ、アリ。ダナエ

おひさまがあたると、
葉っぱがひかる。フィリッポ

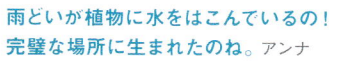

雨どいが植物に水をはこんでいるの！
完璧な場所に生まれたのね。アンナ

壁

恐竜の影 サムエーレ

壁の中にはひみつのものがある。　ピエトロ

恐竜のひっかいた跡 サムエーレ

生命についての理論

わたしたちの木は小さな角に生えている…。それってめずらしいよね。
たから、あそこは特別な場所なの。ダナエ
風がタネをここにはこんできたんだ。リッカルド
たぶん、去年はまだタネは小さかったけど、
雨がふって今年は背が高くなったのね。アンナ

風 サムエーレ

生命力を持つ環境。地下の世界

地面の下で何が起こっているのか知りたいという気持ちは強く、
それは生命の誕生の魔法がそこから始まっているからです。

拡大鏡とウェブカメラを使った根っこの研究

アリやミミズがいる。アンナ
ウェブカメラは謎めいた世界をもたらします。

想像による地下の世界

拡張し、縮小し、描いた世界の内側に入り込み、
想像を続けます。

小さなしずくがはやく落ちる。
水をやればやるほど動物がたくさんくる。ダナエ

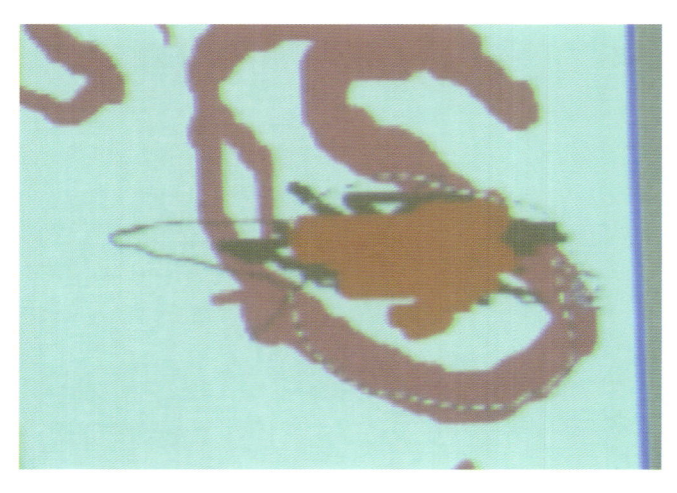

グラフィックスタブレットで描いた絵

根っこ アンナ

ぼくはイチジクの根っこをうすく描きすぎた。リッカルド
小さなしずくと小さな穴があって、
それで水をすって木まで届けて育てるの。ダナエ
このしずくはいま穴に入ったばかりだ。
ぼくたちの小さな木の昔にもどってみない？ フィリッポ

根っこ ダナエ

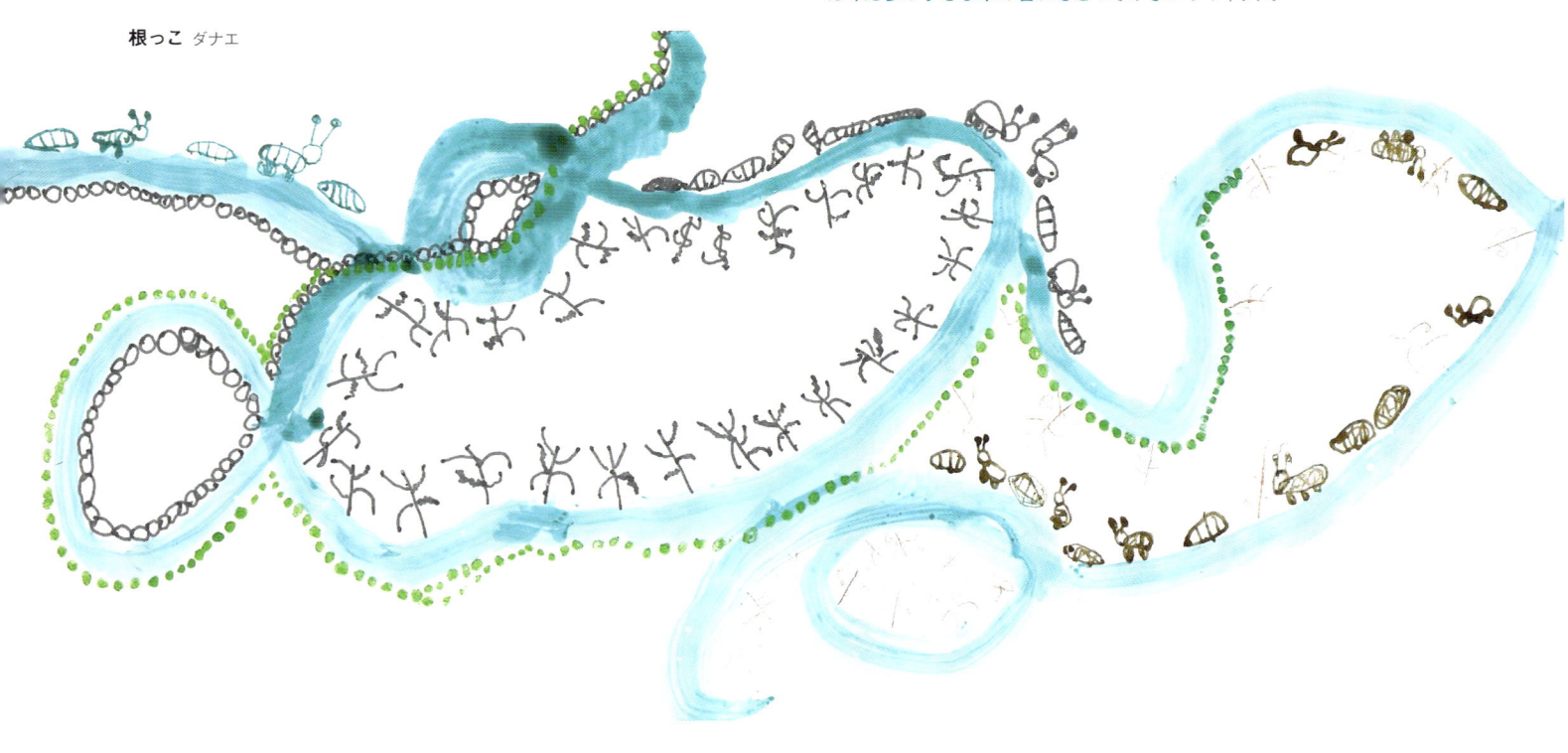

現在の現実、未来の現実

葉は落ちて、イチジクの木は形を変えます。
根の内側から生まれてくる命が想像できます。それが未来なのです。
子どもたちの視線は落ち葉にも向けられます。
まるで、大切な宝物を観るかのように。

見て、金の葉っぱみたい。ニスリム
骨だわ！ ちょっとこなっぽい。ダナエ

枯葉の拡大画像

デジタルで描いた絵

再生

イチジクの木は生まれ変わり、
約束通り、想像していた通り、
全てがまた始まるのです。

小さな青い卵

ラ・ヴィレッタ
幼児学校

作者と主人公：

5歳5ヶ月から6歳3ヶ月までの子どもたち
アレッシア、アミン、アンドレア、エマヌエラ、フィリッポ、ルクレツィア、
ジュリア、ヤコポ、サルヴァトーレ

アトリエリスタ：パオラ・ガッレラーニ

教師：パオラ・バルキ、エセル・カルネヴァリ

ペダゴジスタ：アンジェラ・バロッツィ

学校の庭で卵の殻を見つけた子どもたちはびっくりして、好奇心を抱き、質問を始めました。
卵の美しさや、ちょっと謎めいた物語りだけでなく、その周辺にある要素も子どもたちの眼差しを、
卵自体からそれを取りまく環境へと広げたのです。

たまごだ！ ちっちゃいちっちゃい鳥のたまごだ！ アンドレア

たぶん、カササギのたまごよ…。
青くてきれい、海のいろ…。
とってもきれい！ ルクレツィア
においをかいでみれば、
なんの鳥のたまごかわかるよ。
サルヴァトーレ
ちかくにむらさきの花がある。
木の上で生まれた花よ。 ジュリア
たぶん、枝がながすぎて折れて…、
枝が落ちた時にたまごが
われたんだよ。 アンドレア
あそこの木から
タネが飛んできたのかな…。
風がタネをはこんできたんだ。
すごくとおくまで飛んだね！ ヤコポ
見て！ アリよ…。
クルミの殻の中で
かくれんぼをしてる。 アレッシア

ミクロとマクロの解釈

卵の周辺で、子どもたちはいろいろな物を見つけます。
小枝、草、葉っぱ、松かさ、クルミの殻、羽根、花、アリ、タネ…。
これらの要素がその場所のアイデンティティを作り上げているのです。
ペン型マイクロスコープやカメラや絵を描く道具などを使い、
子どもたちは手がかりになるものを選び集め、解釈していきます。

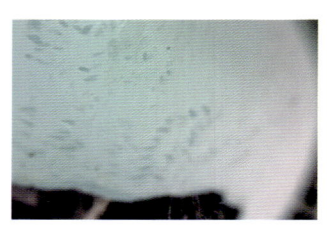

殻の中
ペン型マイクロスコープで撮影した写真
サルヴァトーレ

撮影した写真の投影
サルヴァトーレ

たまごにはなにか書いてある。
きっとひな鳥がいなくなるときに、
お母さん鳥になにか
書き残したんだろう…。 サルヴァトーレ

書いてあるのはね、「ぼくを探さないで、
ぼくはもう旅立ったから！」
アンドレア

生きているものやその場所を解釈し
描いている

その場所を描いたもの フィリッポ

アリの視点
デジタルカメラを使って撮影した写真
アンドレア

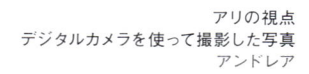

アレッシアの写真の投影

アリから見たら草は背が高いよ！
山みたいに大きいんだ！
アンドレア

この細い草の葉はアリたちが
競走するレーンに見える。
アミン

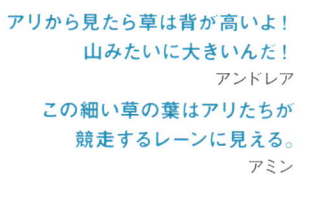

マクロで見た細い草の葉
ペン型マイクロスコープで撮影した写真
アレッシア

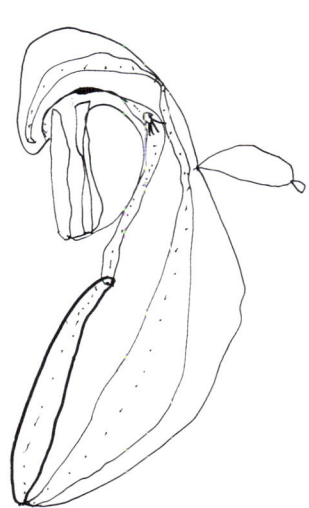

細い草の葉を絵に描いたもの
アミン

アナログとデジタルの間の風景

子どもたちがカメラやデジタルマイクロスコープを使って撮った写真、
絵や拡大して土粘土で作った作品、自然の素材や学校内での
上映記録などから成るアーカイブ。これにより、デジタルの風景や
実体のある風景のセットを作ることができ、異なる環境での
動画の可能性を通し（コンピュータ、リフレックステーブル）、
アリの視点や通り道のシミュレーションを行うことができるのです。

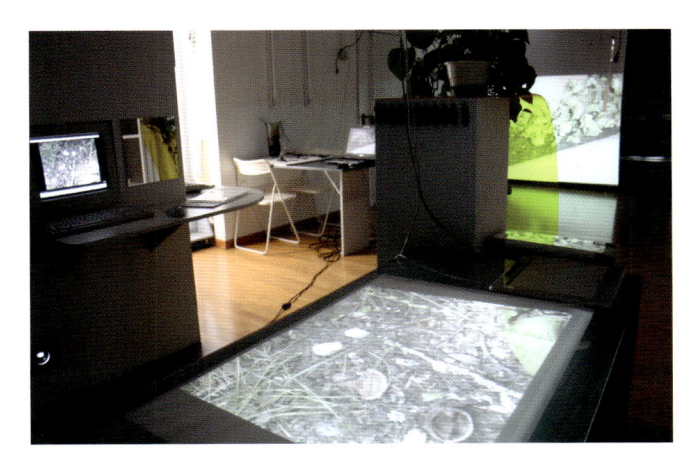

リフレックステーブルを使った環境設定

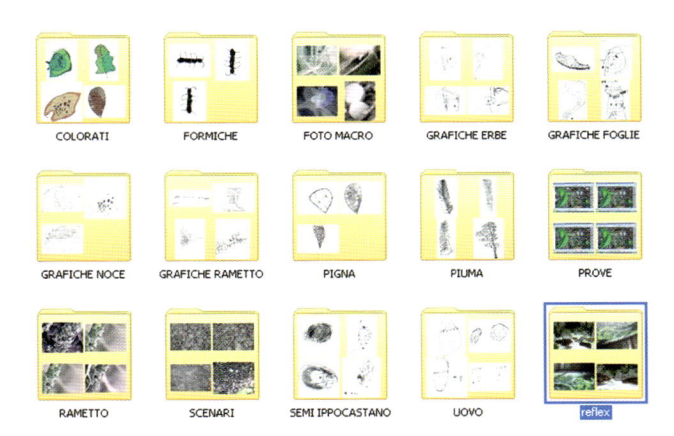

デジタルアーカイブ
その場所で見つけた様々な物や生き物の写真や絵による表現

描画、土粘土、自然の素材による表現のセット

デジタルの風景：動きの表現

競走するにはもう1ぴきアリがいるね。
でもどうやったらいっしょに動かせるのかな？ アンドレア

行け、アリさん。走って、ほかのアリがそこにいるから！ ジュリア
手を使って動かしたいなら劇場をつくらなきゃ。
コンピュータにはマウスを使うの。ルクレッツィア

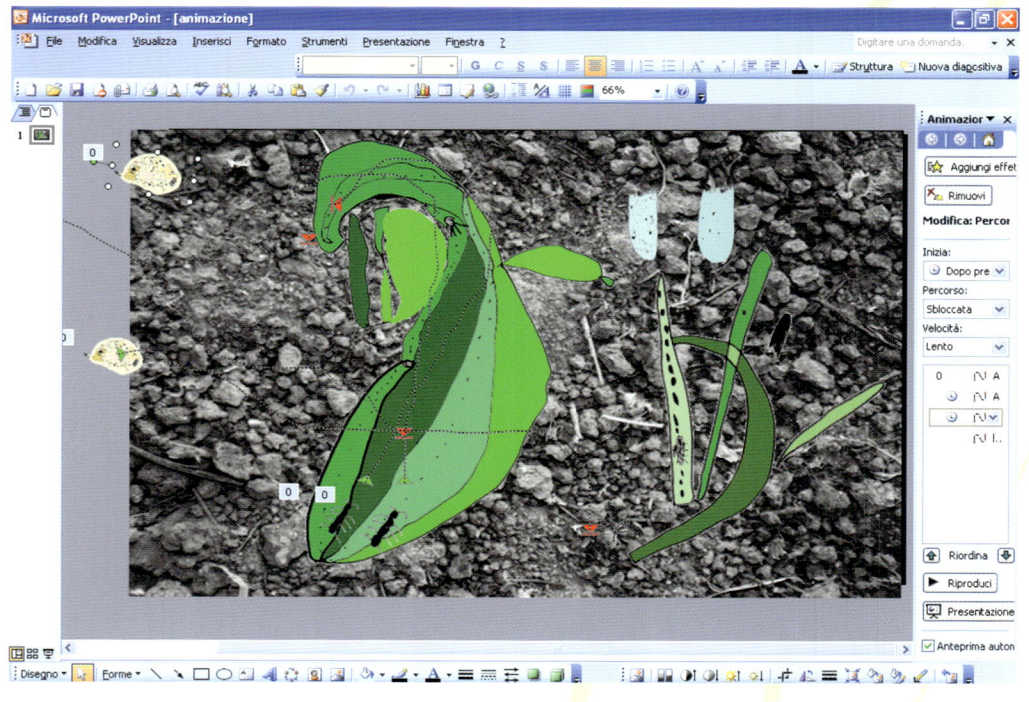

たまごから生まれた小さな鳥も飛ばそうか？ サルヴァトーレ

デジタルやマテリアルのアーカイブの素材により、
子どもたちは3次元の背景を作ります。
コンピュータのプログラムを使い、アリたちに動きを与え、
アリからの視点のシミュレーションを行います。

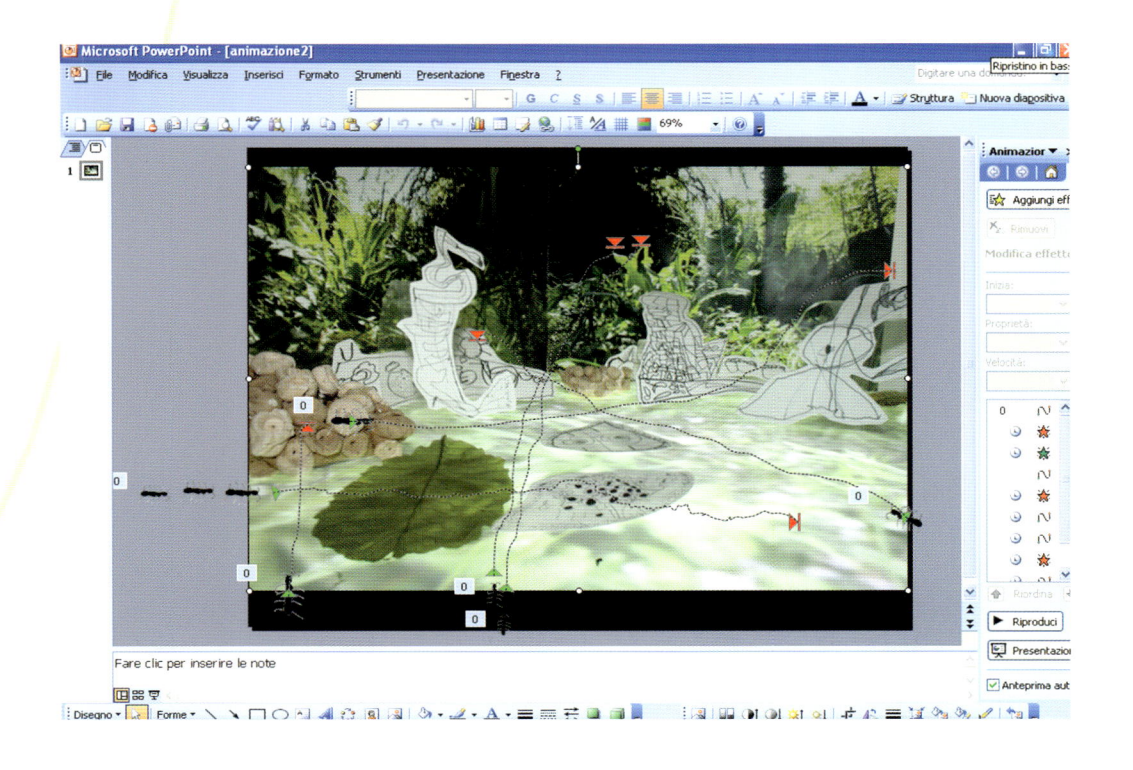

水路は世界のようだ

カミッロ・プランポリーニ
幼児学校

作者と主人公：

5歳から6歳までの子どもたち
アレッシア、レオナルド、コスタンティーノ、ニコール、ニコロ、サシャ、トマーゾ

アトリエリスタ：ジャンルーカ・フェッラーリ

教師：ジュリアーナ・ジュリアーニ、アントネッラ・サラーティ

ビデオセンター：ダニエラ・イオッティ

ペダゴジスタ：アンジェラ・バロッツィ

水路は近くから見ると、子どもの心にも大人の心にも、
複雑な概念や開かれたエコシステムを理解し、
探究したいという視線やアプローチを刺激する多元的な世界です。

撮影 トマーゾ

1月：はじめて水路を見に行った日

いろいろな種類の草がある。アレッシア
この草は、岸をしっかりかためておくのに役立っている。アレッシア
水路はいつもおなじじゃないよ。その日によってかわるんだ。トマーゾ
水路は世界のようね。アレッシア

撮影 アレッシア

1月

写生のメモ ニコール

写真に撮った水路 アレッシア

2月

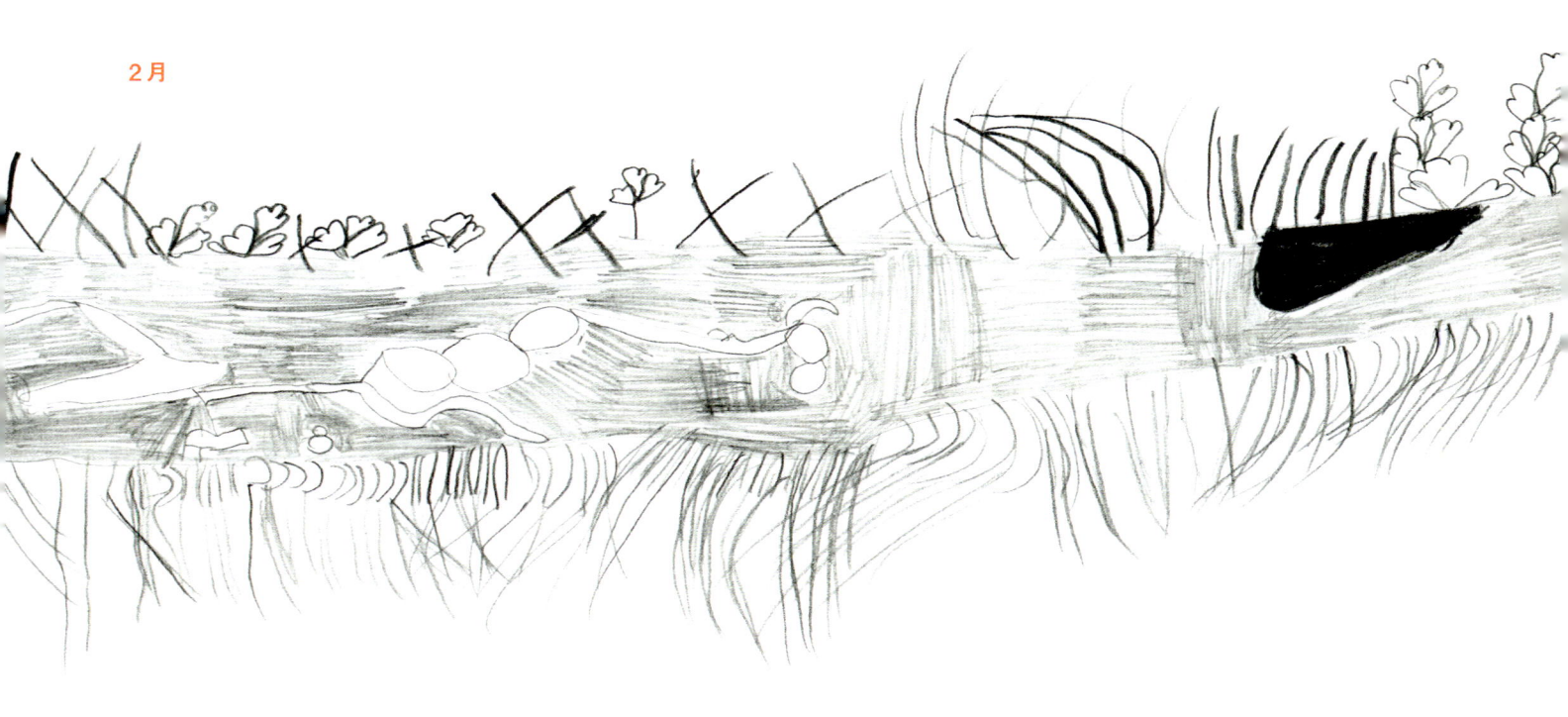

アレッシアの写真を解釈し、アトリエで描いたもの ニコール

4月

水路の岸に雨が吸収されたところ コスタンティーノ
テンペラ画

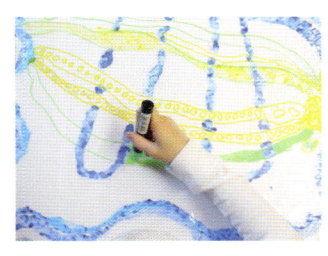

お母さん草 ニコロ　　　　**そよ風** トマーゾ

自然の幾何学

デジタルの世界は、生命を生み出す「目に見えない」法則を
明らかにする鍵を与えてくれます。
子どもたちは、複雑な素材を整理するための説明と検証を
粘り強く探し求めます。

デジタルで撮影した花序の"小さな玉"
トマーゾ

デイジーは小さな玉でいっぱい…。
サシャ
**まん中の玉の中には、
もう1つ別の玉があって、
さいしょの玉が大きくなると、
中に別の玉があって、その中に
またもっと小さな玉があって、
さいごには小さな黒い点になる。**
ニコール
**もしその小さな玉の中に
小さな植物がいたら、
なにが生まれるの？** トマーゾ

**この点々はとっても小さいから
間になにがあるか見えないけど、
"メガネペン"（マイクロスコープ）を
使えば見えるよ。** トマーゾ

子どもたちがペン型マイクロスコープを使って撮った水路の岸に咲くデイジー

ペン型マイクロスコープで撮影した
デイジーの投影

土

ディアーナ
幼児学校

作者と主人公：

5歳から6歳までの子どもたち
アガタ、アルベルト、アレサンドロ、アリーチェ・B、アリーチェ・O、アンドレア、
キアーラ、ディエゴ、エレーナ、エレーナ・ラウラ、ファビオ、ガブリエーレ、
グイド、マリア、ケツィア、リーナ、マルコ、マルティーナ、オリンピア、ピエトロ、
プレチョス、サムエーレ、ソフィア、トーマス、コアディーア

アトリエリスタ：シモーナ・スパッジャーリ

教師：リザ・ロッリ、シモーナ・レペッティ、エヴェリーナ・レヴェルベリ

ペダゴジスタ：シモーナ・ボニラウリ

提案

教師は子どもたちに研究する
題材として土を提案します。
土は周囲との関係を築く
卓越した環境であり、
それを調べるには
体系的で、関係を重視し、
状況に即した眼差しが
求められます。

アナログとデジタルの両方の次元が備わった環境を子どもたちに提案する

ビデオを見ながら、園庭を散歩するシミュレーションをする

土の調査

土の塊がクラスに置かれました。

カマキリはじっとしているけど、
目の錯覚で動いていると
おもう人たちもいるんだ！ マルコ

倫理的問題

草はそとにいなくちゃいけない…。「ゆかがある世界」にいてはだめなんだ…。
草をそとに持って行って植えようよ…。草にはなかまが必要だ。アンドレア

土を生育環境に戻す
「生育環境」はキーワードです。
生きている、生命力のある、
形を変えつつある場所を探究する道への扉です。

土は草の生育環境
草の生育環境は、土だけじゃない、水もそうだよ！ アレサンドロ
土の中にはミミズもいる！ ミミズは土のためにいいから、
植物のためにもいいんた…。アンドレア
土は、たくさんのものがいっしょになった生育環境だ…。ピエトロ
ぼくがおもう生育環境って…。
ライオンはサバンナでは元気だけど、
ジャングルにうつすと元気がなくなるでしょ、
ひろい場所に住むことになれているから。
植物だっておなじことだよ。ディエゴ

トゲトゲの木 グイド

生育環境で生きている物の研究

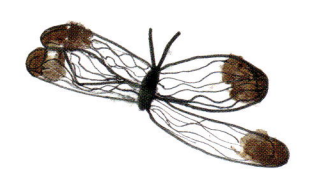

チョウ リーナ

アリ グイド

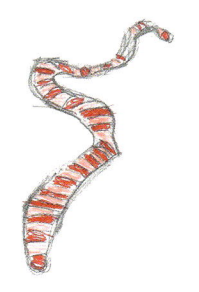

ミミズ アリーチェ・O

さきっぽのたくさんある草 アリーチェ・B

ヘビ草 トーマス

無題 トーマス

無題 アリーチェ・B

無題 グイド

デジタルアーカイブ

静止画、動画を含むデジタルと
アナログの画像やビデオ、音声のコレクションは
子どもたちにより計画的に利用されています。

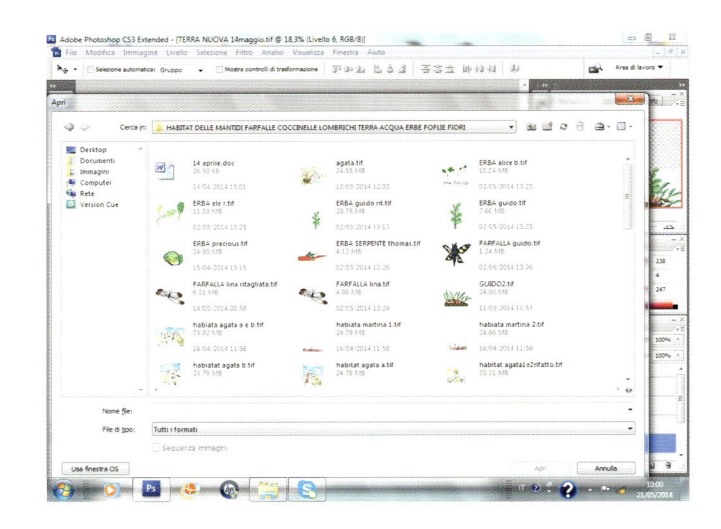

デジタルによる探究のプロセス

デジタルで描くことは、
時の経過による対象物の変容を探究するために役に立ちます。

あらしだ！ 雨がふってきた！
地面が雨をのんでやわらかくなるから、ミミズがもっとふえるよ！ グイド

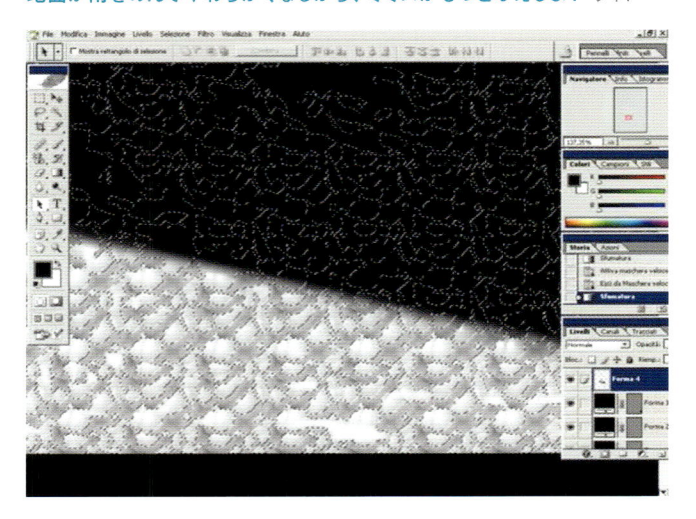

雨 コアディーア

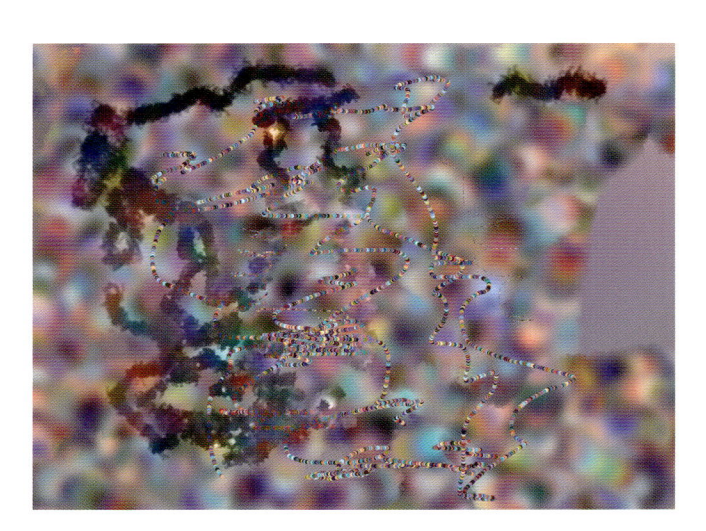

ムカデとミミズ エレーナ

生育環境：協働作業

ぜんぶを描くには時間がかかりすぎ
る…。紙は小さいよ。ディエゴ
絵をほかの絵にくっつければいい！
ものが結びつけば、
ぼくたちがいったことも結びつく！
考えが１つになるんだ！ マルコ
コンピュータを使えば、
きれいにくっつけられるわ…。
わたし、まえに２まいの絵を
コンピュータの中に入れて
重ねたの…。アリーチェ・O

関係性と共有を与える
デジタルで描く空間

ここの土地には昆虫とほかの草が
たりないし、土も少したりない…。
グイド

自然のビデオゲームだ！ アンドレア
これがぼくたちの世界…。
草と植物と動物と花でできている…。
バーチャル生育環境だ。
だってコンピュータの中にあるから。
アルベルト

自然のビデオゲーム

フォトリタッチプログラムを使って遠近法、視点、距離感、
大きさなどを試した結果、子どもたちは生育環境の
動的な要素を体系的にまとめようとします。
デジタルの表現は、子どもたちが観察するためだけではなく、
子どもたち自身の行動により、常に変化させることが可能です。

デジタルで作成した協働作品：
フォトリタッチプログラムと接続して
ビデオ投影した作品

ホンモノよりもっと
ホンモノのニセモノ

パブロ・ネルーダ
幼児学校

作者と主人公：

5歳5ヶ月から6歳4ヶ月までの子どもたち
アッレグラ・アウローラ、アンナ、ベアトリーチェ・B、ベアトリーチェ・V、
カミッラ、ダニエル・ワイナー、エレオノーラ・B、エレオノーラ・F、エリーザ、
エヴァ、フェデリコ・D、フェデリコ・M、フィリッポ・B、フィリッポ・Z、
フランチェスカ、フランチェスコ・E、フランチェスコ・S、ガイア、ジャーダ、
ジュリア、ハフェス・M・イスラム、イラリア、レオナルド、ルカ、ルチア、
マリアキアーラ、ニコル、パオロ

アトリエリスタ：アンナ・オルランディーニ

教師：エリザベッタ・ボルチアーニ、ロベルタ・モスカテッリ、ララ・サラーミ

ペダゴジスタ：ダニエラ・ランツィ

ウェブカメラとペン型マイクロスコープ

形態の変化の概念は、子どもたちが感じ、
使いこなす「魔法の道具」が持つ力の1つです。

変身：ウェブカメラ

ぜんぶ燃えている…。
木が燃えているみたいだ。ルカ

ピンクの天国…。ベアトリーチェ・V

クモの巣みたいに見える、
かくれ家を作ったんだ…。フィリッポ

光と影のフィルターを通し、
子どもたちが作る景色は
形を変えて、これまでとは違う
表情とアイデンティティを持ちます。
（映像はウェブカメラで撮影したもの）

ウェブカメラは逆説を生み出します。そこではバーチャルなイメージが
境界を越えて超現実的なものになり、偽物が本物より本物になるのです。

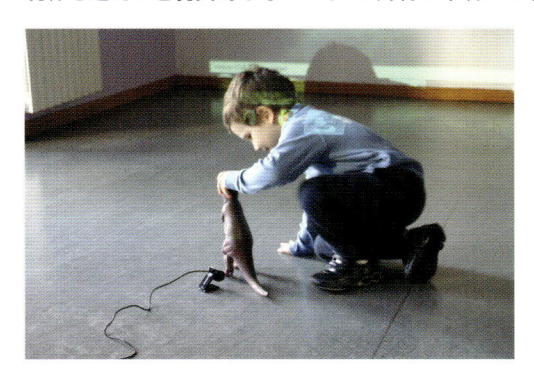

ウェブカメラが見ているほうは、
怪物みたい。
だってちがって見えるから。
わたしたちが素材をまえにおくと、
ウェブカメラの目にはこわく見えるの…。
アンナ
ウェブカメラの目にはぜんぶは見えない…。
ぼくたちのほうがよく見える。
ぼくたちの目にはぜんぶが見える特別な瞳がある…。
もし目に暗い映像がうつると、
目はそれを受信機におくり、
はっきりした映像にかえるんだけど、
ウェブカメラにはそれができない…。
パオロ

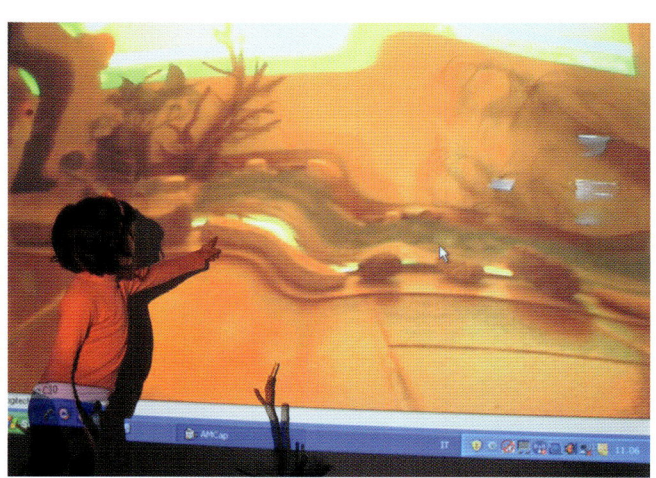

ペン型マイクロスコープ

ペン型マイクロスコープは、実際にある物の一片を切り取り、
その素材の組織の謎を明らかにすることができます。
これが子どもたちの心に訴えかけて物語りを生み、
世界を「創造」することにつながるのです。

形をよく見るために使うの。中まで見るために…。アンナ

とげのある虫みたいだ。パオロ

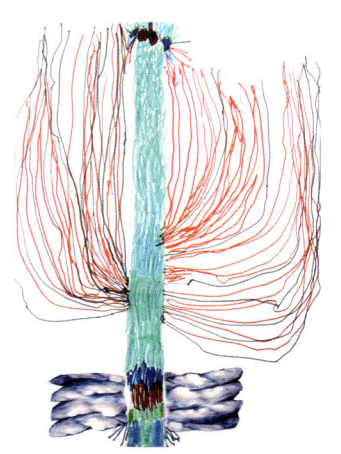

拡大した松かさの細部を描いた絵

ウェブカメラを使ったセッティング　　巨大な昆虫の侵略。ルカとエリーザ

いろいろな世界の創造

昆虫の世界を作ってみる？ エレオノーラ・F

昆虫の世界の再現。
このデジタル機器を使った探検により、
子どもたちは新しい可能性の道を進みます。

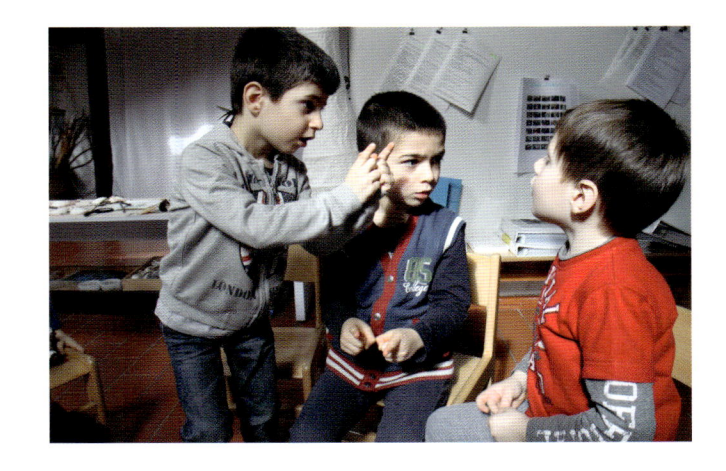

虫の世界もいろいろあるの…。
木の上にいる虫もいれば、地面の下にいる虫もいる…。フランチェスカ
虫はどこにでも入れる。サラダ菜の中にもね…。
世界のどこでも生きていけるようにできているの。カミッラ

ニセモノの昆虫を使おう…。
きっとみんなホンモノだとおもうわよ。
カミッラ

ウェブカメラをそとに持って行こうよ…。
フィリッポ
そうすればこまかいところがよく見える…。
パオロ

セッティング

いたずら：ホンモノの葉っぱと
描いた葉っぱ フランチェスカ

素材をそろえてセッティングする
子どもたち

なにかこわいものがいいな…。
パパとママをびっくりさせる…。
ジュリア

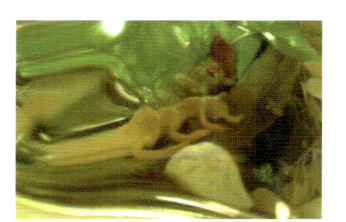

動物をさしているアリ
ジュリア

セッティングすることにより、
実際の素材をバーチャルな
次元と組み合わせながら、
本物と偽物との間に
昆虫の世界を作り上げようとする
アイデアが生まれます。

虫がホンモノかニセモノか、
パパやママたちにあててもらおう…。
レオナルド
ちょっとしたいたずらね。
フランチェスカ

小石

ゴムの昆虫

子どもたちが描いた昆虫

植物と丸太

土粘土の昆虫

子どもたちは、自らが作った土粘土の昆虫の生育環境に合わせて
セッティングを修正していき、ウェブカメラで写真を撮ります。
怪物のようなイメージを強調できるアングルや効果を探しています。

アリとテントウムシが
やすんでいるところ。
たくさんお散歩をしたから ガイア

クモたちの夜 アッレグラ

写真とお話しを通して、セットの増幅された現実は新しい世界を創造し、
子どもたちの心の表現力をより豊かにします。

秋の森を歩くアリ ベアトリーチェ・V

森の中、満月の下を行くケムシ フランチェスカ

霧の中、葉っぱをとりに行くケムシ ルチア

真っ赤な火山のちかくにいるハチ ルカ

ダンスする草

ロビンソン
幼児学校

作者と主人公：

5歳2ヶ月から6歳5ヶ月までの子どもたち
アデーレ、アレッシオ・A、アレッシオ・C、アレックス、アリーチェ・C、
アリーチェ・F、アンドレア・Be、アンドレア・Bi、アンドレア・Bo、
ベアトリーチェ、カミッラ、カルロッタ、エリーザ、エリーゼ、エマヌエーラ、
フィリッポ、イルマ、ラヴィーニア、マルティーナ、マティア、ニコロ、パオロ、レダ、
サムエーレ・A、サムエーレ・B、ヴァレンティーノ

アトリエリスタ：ロレッタ・ベルターニ

教師：ロベルタ・マルツィ、アウローラ・ピゴッツィ、ピエラ・レ・ローゼ

ペダゴジスタ：エレーナ・ジャコピーニ、モイラ・ニコロージ

園庭に生えている野生の草たちは探究の題材になります。
様々な種類、違った性質や特色、その生命力を調べていきます。

学校にある背の高い草。ベアトリーチェ

別の見方：カメラでデータを集める

調査―草の種類についてのマッピング

子どもたちの撮った写真

バリエーション

草はおなじなかま同士で
わかれてはいなくて、
まざってみんなちかくにいる。
パオロ

草たち イルマ

野生の草 アンドレア

草についてのデータの解釈とカタログの作成

草の種類がたくさんあるなんてしらなかったけど、
写真をとって気がついた。エリーザ

草たち アリーチェ

まっすぐ

やわらかい

大きい

しまもよう

ふしぎな　　とがった

ちぢれた

ゆったりした　　ちょっとけぶかい

ちょっと小さい

さかなのほねのもよう

ちょっとながい　　いいかおり　　すべすべした　　くすぐったい

ふかふかした

とても重要な問題

草って雄なの、雌なの？ どうすれば分かるの？
小さな草は、なにを知らなくてはいけないの？ 誰が教えてあげるの？
誰が地面にタネをまくの？ 草はどうやって生まれるの？
草はどうやって動くの？

草の力 サムエーレ・A

ペン型マイクロスコープで撮った写真

勇気のある草たち アレックス

草が芽を出すには勇気がいるの。
だれかが草に水をやるのは、
草がおだやかなくらしが
できるようにと、
ねがっているということ。イルマ

自然が草を育てた。
かおりや味や風の音で。
エマヌエーラとラヴィーニア

雨や雷から
自分をまもれるようにならないと…。
小さな草でいることは
とってもたいへんだ…。パオロ

草はしずかな時間の中で
ゆっくりと育つ…。
アデーレ

草の誕生
アリーチェ・C、アデーレ、
アンドレア、パオロ

タンポポの花の物語り
5歳の子どもたちの解釈

たぶん、ちかくにあるあの草は練習して、練習して、練習して、タネを作るの…。
タネができると、それが地面に落ちて…、
ころがって…、ころがって…、ころがる…。
風がタネを飛ばして…。大きな穴ができて、
風がすごくつよいとタネはその中に入って、草が生まれる…。
そして、草はのびて、のびて、のびて、またおなじことがずっと、ずっと…。イルマ

いのちはおわりがない。アデーレ

何重にも重なったプロジェクション

子どもたちと草は1つに溶け合っているように見えます。
研究をする主体と研究される対象が一体になるのです。

舞台美術

雲から風がふきおろすと、草はダンスをはじめる…。
風のダンスをおどるの。楽しいから。
エリーゼとマルティーナ

草の動き アレッシオ・A

ダンスする草たち マルティーナ

風で紡がれた草たち アデーレ

研究ノート

研究ノート

　教師の手による研究ノートは、乳児保育園と幼児学校が活動する環境や風景の一部を伝えており、そこには、時間と文脈という2つの重要な要素が含まれています。

　研究ノートは、複雑な観察用ツールと言えます。それは日々の記録と事実の解釈の中間に位置し、最も完成度の高い形でプロセスを評価し、舞台裏をのぞき、そのプロジェクトが取るべき道の複雑さや選択肢を確かめる可能性を与えてくれるからです。

　乳児保育園と幼児学校が、予め選択した方向へ、どのように進むかを理解する鍵は、様々な物語りとの共存の間にあるのです。

研究ノートを展示したテーブル

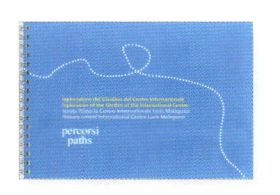

bambini, bambine
e ambienti digitali

quaderno di studio

indovinelli
riddles

indagine dal vero
fra natura e ambienti digitali

la terra

la realtà e le sue rappresentazioni

Un piccolo uovo azzurro

quaderno di studio

bambini da 3 ai 6 anni
anno scolastico 2013 2024

indovinelli
riddles

scuola comunale dell'infanzia Robinson

erbe danzanti

interpretazione dal vero

"Il fosso è come un mondo"
anno scolastico 2012/2013

"Progettualità del vivente: assorbimenti"
anno scolastico 2013/2014

Scuola dell'infanzia Camillo Prampolini

ambiente digitale e natura

marzo/maggio 2014

デジタルランドスケープ_
アトリエ

他ではあまり見られないかもしれませんが、ローリス・マラグッツィ国際センターを会場とする展覧会では、展覧会のテーマと関連した試みのための空間であるアトリエも、同時に開催されることがたびたびあります。

展覧会を読み解き眺めることと、「探究」のために作られた環境との組み合わせは、思考と行動を分けて考えていない子どもたちの「理解するための戦略」と調和します。この戦略は、コミュニケーションをとりながら、新たな理解や考察を行い、物事を解釈していくための方法の一部なのです。

本展覧会「Bordercrossings」では、この複合式のコミュニケーションが、学びのプロセスについて、ありきたりではない考察を入念に行うことを可能にし、展示をより深く「味わう」ために、特に適切かつ必要だったのです。

アナログ機器とデジタル機器の間の最新の対話に刺激を受け、子どもたちは、試し、実験し、光や美を発見し、空間の中を動いては他の素材との関係や、相互に接続されたアナログ機器やデジタル機器との関係を模索し、いろいろな素材の助けを借りて、新たな状況を作り出そうとします。

「探究」とは、しばしば人を驚かし、時として困惑させるものですが、常に心を引きつけ、興味を起こさせ、新しいイメージや刺激的な思想、魅力的な空間の創造へと駆り立てます。

「探究」の道のりは、デジタル機器を取りそろえた部屋の中には限られず、展覧会の全行程に伸びていき、調査の可能性を広げ、常に各種ツールと「百の言葉」の間の境界を越えた様々なつながりを示唆します。すなわち、それは新たな質問を助長し、生み出すことに好都合な状況なのです。

"地理学"のように

イザベラ・メニンノ

包み込む空間

アトリエのデジタル環境下では、プロジェクションは空間を侵略し、建築上の環境が区切った境界（壁、床、柱、天井）を逸脱し、全ての平面や物体を覆います。私たちは巨大な3次元の絵や浮彫彫刻を見た時のような感覚を覚えます。私たちの身体は、今、構築されていくこの現実に飲み込まれると同時に、この可能な世界を作り構築する存在でもあるのです。

ここで時空は、異なる含意と大きさを帯び、そこでは、子どもも大人も作り手であり利用者でもあります。調査対象物との距離感は常に動いており、逆さまになったり、修正されたり、変形されたりし続けます。

「…まるで感覚が二重になったようで、実際の感覚同士の関係だけではなく、実際の感覚と新しいバーチャルな感覚との間に関係が生まれたのだ…。テクノロジーは、単に自然の感覚の組み合わせではなく、自然の感覚と人工的なデジタル型の新しい感覚との組み合わせである、新たな形の共感を始動させた」
（アンドレア・バルツォーラとパオロ・ローザ、2011年）[1]

没入体験型の特徴は他のアトリエの活動にも見られ、アナログのツールを伴うことで、それはさらに強力になり、新たな変化や、想像上あるいは認知上の発見が可能になります。これにより、子どもも大人も現実と架空の間で遊ぶようになり、現実や表現法の層は厚くなり、「実際」とデジタルの間の連続性として拡大された新しい現実が始まるのです。さらにこれまでとは異なる空間のマッピングが可能になります。

アトリエ「デジタルランドスケープ」の空間に投影された映像には、ローリス・マラグッツィ国際センターの庭で子どもや大人が撮った写真が、しばしば使われています。それはアトリエ内の環境を構築し、バラバラにし、再度構築し、作り直し、その中に溶け込むために選択した映像です。プロジェクションは、光を集め、反射し、曇らせる、様々な素材や物体の上に静止します…。物体や素材が光とプロジェクションの遊びを生み出し、デジタル技術の持つ能力を際立たせています。考え得る状況や架空の状況は増加し、比率を変え、細分化し、広がり、散布され、イメージは混ざり合って自由に動きます。

アトリエとは、来場者に対して従来の歩みを止めて、自由な気持ちで多様なプロセスに没入することを勧め、アナログ素材とデジタル機器の関連性を通じて、新しい示唆に富む環境作りを発見するようにうながすことを意味しています。

環境設定

---

1 Balzola A., Rosa P. (2011), L'arte fuori di se. Un manifesto per l'eta posttecnologica,Milano, Feltrinelli.

屋外/室内

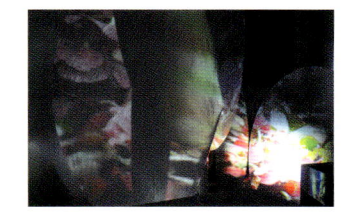

アトリエ：屋外から室内へ。
景色を取り入れたセッティング

多様な形と素材による風景
ペン型マイクロスコープとウェブカメラ、赤外線ウェブカメラにより収集した画像を拡大し投影したもの

ウェブカメラがテーブルの上の作品を"見る"

様々な場面のセットとミクロの構築

モニター、ウェブカメラ、グラフィックタブレット、デジタル顕微鏡、様々な物体や素材は、空想の要素がたくさん詰まった映像を再生し、拡大し、投影できる、いわば小さな「映画のセット」を構築します。この特大の「実在しない」現実は、私たちを驚かせ、楽しませ、類まれな存在にします。

描かれた、あるいは創作された、空想上の登場人物の物語りやその大きさの変化を通じて、生育環境や生態系は生き生きとしたものになり、考え出した本人さえも驚かします。昆虫は至る所に様々な大きさで住みつき、森は広がり、草の茂みは昆虫を捕まえています…。

ウェブカメラの魔法の目は物体をはるかに大きくし、その内部にまで入り込もうとして、拡大されて形態の変わった素材の表面をむしり取り、境界を越えて超写実主義の域に達し、私たちを戸惑わせます。子どもたちは「ウェブカメラは違うやり方で物を見て考える」と言っています。

様々な場面のセットの解決策は逆説的でもあり、偶然性を受け入れ、視覚に挑み、物語りで"繕って"います。それは題材を、無理やり表現豊かで不自然な方法で表すことですが、出発点はその題材の持つアイデンティティにあるのです。

私たちは外部の世界を中に持ち込み、物理的かつ生物学的法則の範囲で再設計し、外部の風景を内部の風景と組み合わせ、機器類の限界と境界を実験し、遊んでみるのです。

アトリエでの活動の中で設営された空間は、この様々な形での「大忙しの活動」でいっぱいです。それは時として騒々しいけれど楽しい、子どもにとっても大人にとっても驚きに満ちた空間なのです。

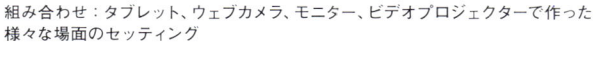

組み合わせ：タブレット、ウェブカメラ、モニター、ビデオプロジェクターで作った様々な場面のセッティング

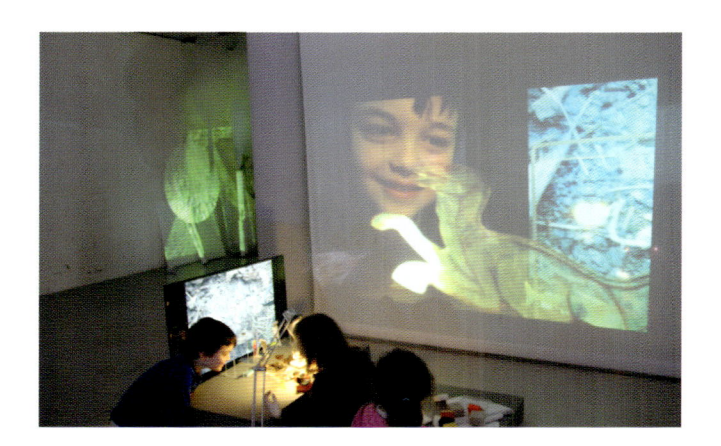

画像のアーカイブ

コンピュータには、霧や雪、開花、太陽などでその姿を変える庭（ローリス・マラグッツィ国際センターの庭）の移り変わりが記録として集められています。これはアトリエを旅する人たちが残した写真のコレクションと言えます。

展覧会とアトリエのスペースは、時間の経過の中で画像を集め、吸収し、様々な状況下で、例えば、突然寒くなって雪に見舞われた7月の景色など、本来なら"あり得ない"映像の組み合わせを作り出します。

没入型の環境は、物事の間に存在する関係性をひっくり返し、時系列の方向性を排し、新しい関係性を明らかにします。全てをもう一度、手つかずの状態にするためには、窓を開けるだけで良いのです。

私たちは常に自然に立ち戻り、大きさや風景は組み立て直されます。しかしアトリエの中で行われた探究は、想像力の中にその痕跡を残します。

このバーチャルで非現実的な加速によって、何気なく、ぼんやりと暮らしている場所に対し、好奇心に満ち、共感を示す眼差しを向ける気持ちに再び火がつくのです。

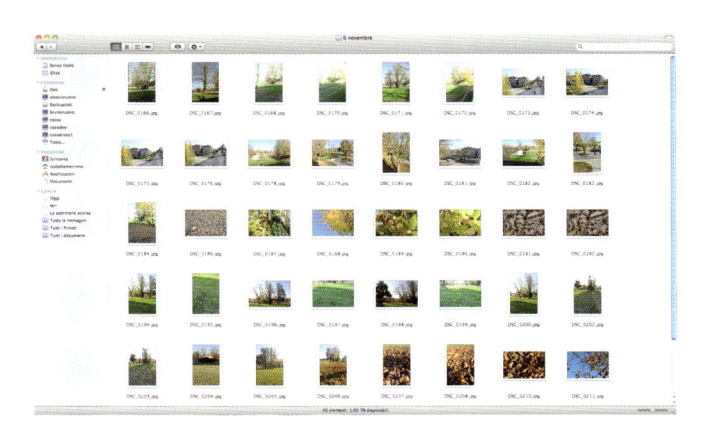

ローリス・マラグッツィ国際センターの庭：季節の移り変わりの中で撮影した写真のアーカイブ。細部、景観、カメラアングル、視点、驚きに満ちた世界の観察と発見の方法

生成力のあるアーカイブ：アトリエではアーカイブの写真を集め、そのまま使用したり、夢や魔法のような、現実離れした状況を作るために形を変えたりします。その写真を室内の状況に取り入れ、解釈し直したり、また逆に、内部の姿を外部の状況に取り込むことで、全てがもう一度手つかずの状態に置かれるのです。

  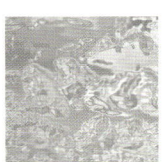 

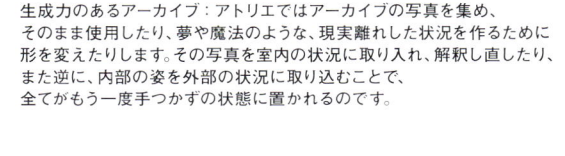

コンピュータで変化させた画像

外部から内部へ：屋外で撮影された映像と、庭で採集した様々な素材を使い、アトリエで加工した没入型の状況の構築へ

"地図"のマッピング

　自分の学校の見慣れた庭を調査したあと、子どもたちの何人かは
ローリス・マラグッツィ国際センターの庭を調べにやって来ました。
机に広げたセンターの庭の大きな地図は、小さなレリーフのイメージ
がパズルのように子どもたちの視点を示し、たどった道筋が目に見え
るようにしてあります。多面的で様々な形をした庭のイメージを再構
築する、これまでとは違う収集物や思考、観察、道のり、景色などに心
を開くため、来場者にもこのイメージのパズルを試すようにお勧めし
ます。

　写真によって様々な視点を集めながらローリス・マラグッツィ国際
センターの庭を訪れることは、序論、つまりアトリエを来場者に向け
て開き、地図を描き、新しい想像の世界の座標軸を特定する際の、あ
る種の入門のプロセスだと言えます。

　新たな座標軸は様々な境界を越え、地図から飛び出し、背景やプロ
ジェクションの空間、壁、そしてデジタルアトリエにある物体などを侵
略しながら構築し、外部から内部に、庭の中に隠された多面的な様相
と「秘密」を取り込むのです。

ローリス・マラグッツィ国際センターの庭

ローリス・マラグッツィ国際センターと
その庭の地図。緑で示されたのは、
6歳児のグループが探索してたどった道筋

子どもたちがたどった道筋の、
足を止めた場所と発見をした場所

写真を使った地図による、
子どもたちがたどった道筋の表現

野生の維管束植物
学名、分類、
名称（方言等による名称を含む）

スズメノテッポウ属
アオゲイトウ
　　　　　　ブタクサ
オウシュウヨモギ
　　　　　　　　アルムイタリクム

ジガロキアーロ
ヒナギク
カレピーナイレクラリス　ミアグロロス
　　　　　　　　テッラート
カルダミンヒルスタ　ミチタネツケバナ
オランダミミナグサ
アカザ科
　　　　　シロサ
アメリカオニアザミ
　　　　　セイヨウヒルガオ
クレビスサンクタ
　　　アメリカネナシカズラ　ヒルガオ科
ギョウギシバ
　　　　　ロボウガラシ
エクイセトゥムテルマテイア
　　　　　　　ヒメショオン
ヒメムカシヨモギ
　　　　　　オランダフウロ
　　　　　トウダイグサ
シロザ
　　　　カラクサケマン
　　　　シラホシムグラ
ケラニウムディセクタム
フウロソウ属
　　　　　セイヨウキツタ
　　　ヘルミントテカ・エキオイデス
　　　　　ムキクサ
トゲチシャ
ヒメオトリコソウ
　　　　　ウスベニアオイ
モンツキウマゴヤシ
　　　　コメツブウマゴヤシ
ウマゴヤシ
　　　　　ムラサキウマゴヤシ
カタバミ属
ヘラオバコ
　　　　　イネ科
ポテンティラ・レプタンス
ヒメリュウキンカ
　　　　ハイキンポウゲ
ラナンキュラス・ヴェルティヌス
　　　　ルプス・ウルミフォリウス
　　　　ナガバキシギシ
ノボロギク
エノコログサ
　　　　　　マリアアザミ
イヌホオズキ
　　　　　ノゲシ
セイバンモロコシ
　　　　　コハコベ
　　　　セイヨウタンポポ
　　　　クロバツメクサ
ムラサキツメクサ
　　　　　シロツメクサ
　　　　セイヨウイラクサ
オオイヌノフグリ
イヌノフグリ

確認された樹木
南地区
アトラスシーダー
　　　　ブルーアトラスシーダー
　　　　　ヨーロッパナラ
　　　　ベニバスモモ
西地区
　　　ベニバスモモ変種ピサルティスモモ
東地区
トネリコバノカエデ
ウキンドロ
　　　　セイヨウハコヤナギ
ヒャクシン属
ユリノキ
　　　　　　シナノキ属
　　　　ニワウルシ

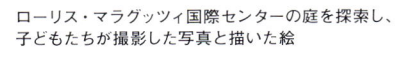

ローリス・マラグッツィ国際センターの庭を探索し、
子どもたちが撮影した写真と描いた絵

ローリス・マラグッツィ国際センターの庭に自生する植物のカタログ

顕微鏡と成長する自然

1つのテーブル―その上に顕微鏡と土の中で育つ何粒かの種子と小さな種子の画像―。それは、自然が静かに、ほとんど気づかれないうちに織りなしている物語りの筋道に、根気よく耳を傾け観察する場所になり、一方、顕微鏡は人の視線を物事の銀河に深く突き通します。私たちは種子が植物になるのを観察しながら、ケムシがチョウになるのを思い出して、あの小さな宝石箱の中には大きな未来の設計図がすでに出来上がっているのだと気づきます。おかしな種子が将来どんな形になるのかを想像しながら、今はまだ目に見えないものを思い描くのです。

アルバムには、ローリス・マラグッツィ国際センターの庭の様々な植物群の一部がカタログとして列挙されています。それによって私たちは、庭が生態系の多様性を"想定"できること、どれほどの形態を生み出し、どれほどの生命の物語りを表現できるか、そして多様なものが共存することをどう考えているのか、それぞれの存在が自分の種の保存のためにどんな戦略を立てているのかなどを観察することができます。

騙し合い、家族間の戦い、攻撃、包囲、いたずら…、それはまさに冒険。

タネや草、顕微鏡が置かれたテーブル

"地面の中"の研究　5歳の子どもたち

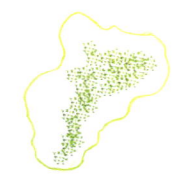

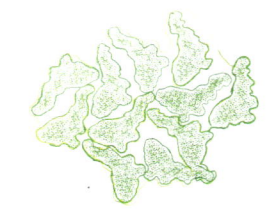

バクテリアの再現、拡散、増殖　5歳の子どもたち

LAMUAA

ELIO

LINDA

MATTEO

タネの進化
6歳の子どもたち

1999 MILIONI DI OO DI OO DI MILIONI DI 6090 6900 48MILIONI DI MILIONI DI MILIONI DI OO DI OO DI OO DI MILIONI DI MILIONI DI OO 609 MIL-XIOBI DI OO DI 6969 6999 609 MILIONI DI BATTERI. EDO

E' UU BATTERIO GRANDE. HO MESSO TANTI BATTERI E SI E' FORMATO IL BATTERIO, GLI HO RINPICCIOLITI CON IL COMPUTER. EDO

ビデオとストップモーション

　様々なデジタルツールや研究のプロセスは、アニメーションビデオの"言葉"を探究する可能性も含み、それは時間や空間、動作、ダイナミズムなどの現実の要素を調べるきっかけを与えてくれます。

　自然は体系化され、再生され、季節は周期的に移り変わり、その景色を一瞬一瞬気づかれないうちに変えていきます。一つひとつの物は独自の成長の活力を持ち—再生し、生長し、形を変え、他の生物要素や非生物要素と関係を持つために—それが時の流れと調和をとっているのです。

　ビデオの持つ"言葉"を使えば、考えられる数限りない映像の一場面から選び出したいくつかの場面を通して録画することで、この複雑なプロセスを見ることが可能です。

　ビデオという"言葉"は、録画し、観察し、追跡し、"客観的"な映像や長い物語りの中にある現実を収集することを可能にします。それと同時に、私たちがこの物語りを構成する一つひとつの映像のコマに介入し、手を加え、読み解き、分解し、時間を再構築し、ある「時間の中」に時間を置き、生長する種子の生命のひだの中を掘り下げ、速度を速めたり緩めたり、軌道を変えたり、後退したり、この生成の推移をひっくり返すことも可能にします。

　ビデオという素材は、物語りを組み立て、何かを起こさせ、現実や超現実、非現実や偽りを作り上げます。ビデオは誇張することも、矮小化することもできます。生命を持った作品と同じく、物語りの構造は常に形を変え、新しい映像を混ぜ合わせ、それをさらに他の映像と結び付け、模造し、異なる生命のプロセスを再構築していきます。

　アニメーションビデオの"言葉"を使い、アトリエは、仮想上の関係を拡張したり、自然環境では決して起こることのない、不可能だと思われた関係を生んだりするような新たな仮説のプロセスに向かっていくことができます。もしアニメーションビデオの手法を、変化や変形、形態形成の考え方を受け入れる他の表現言語—土粘土、絵、身体など—と結び付けて提案すれば、アトリエは子どもたちの、例えば世界を作り上げたい、生長する種子や風に揺れる草の葉など「物事の真実」に没頭したいという、強い欲求を声にして表すことができるでしょう。それは魔法を使うことであり、現実の魔法について考察することなのです。

葉の成長と葉の落ちる姿をシミュレーションした写真

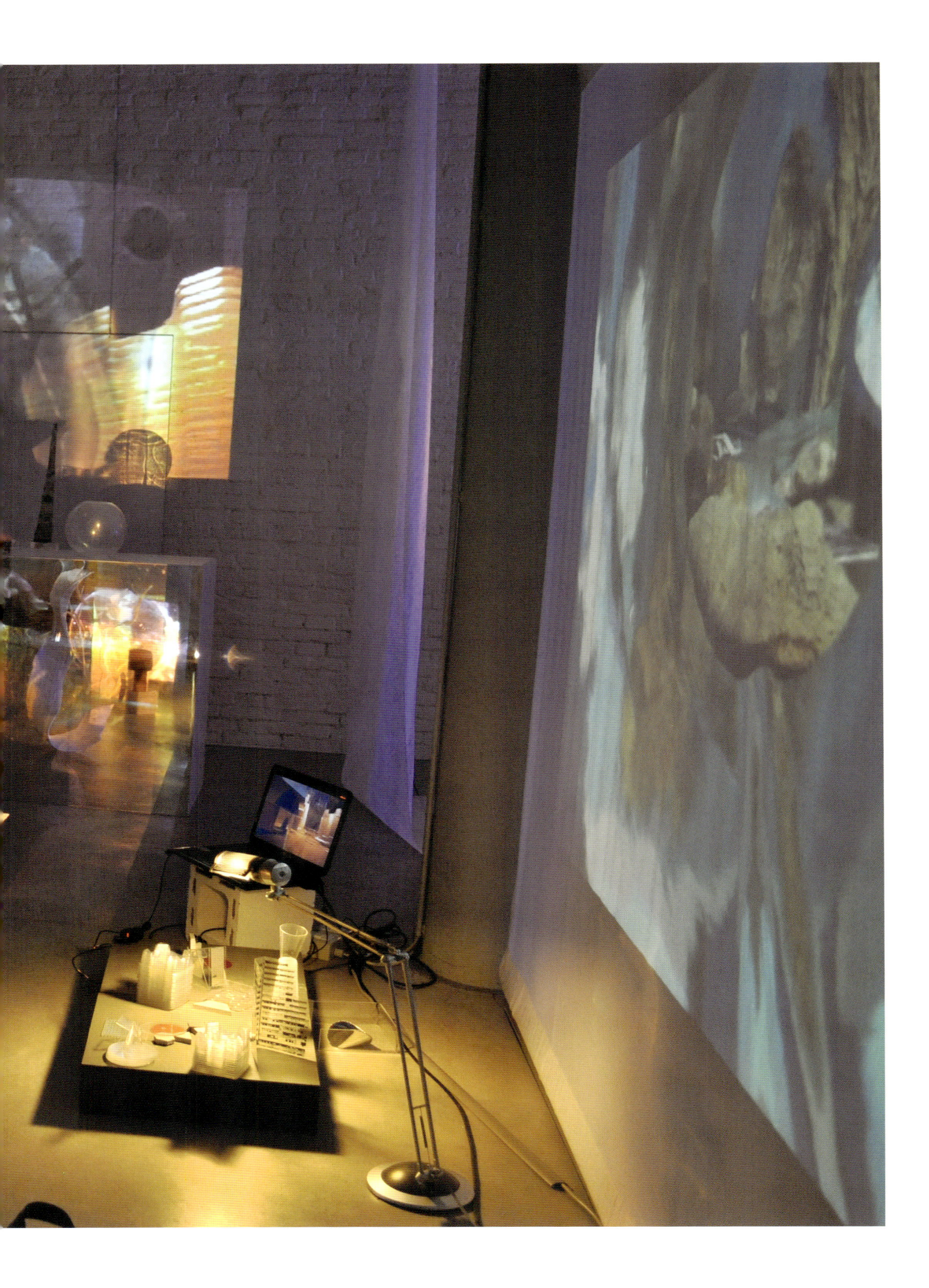

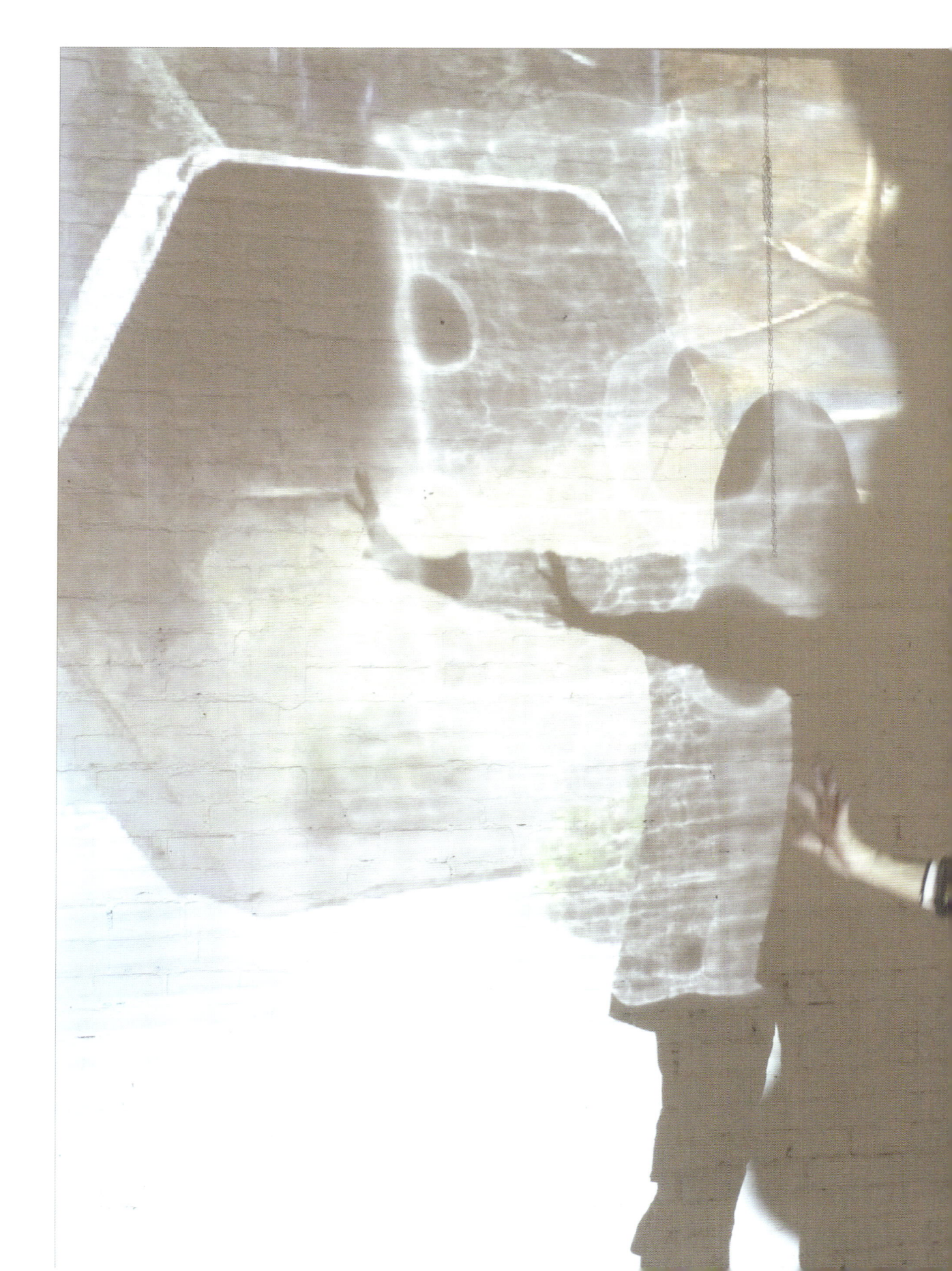

監訳者

カンチェーミ潤子 カンチェーミ・ジュンコ
JIREAボードメンバー
教育学博士　JC Academy 代表

英国バース大学教育学博士課程終了。40年以上にわたり教育に関わり、日本における国際幼児教育の先駆者として、研究、執筆活動を続けている。1999年にレッジョ・エミリアを訪れ、レッジョ・エミリア・アプローチの哲学に基づく教育方針を日本のインターナショナルスクールにはじめて導入した1人でもある。レッジョ・エミリア市のプレスクールでインターンとして関わり、そこで得た経験や知見は、研究者、教育者、起業家として活かされている。多角的な視点から、最も重要なのは人と人との関わりやつながりであり、その土台作りの大切さは教育現場のみならず、社会の様々な分野に通じると提唱する。現在、教育関係者へのワークショップの主催、教育機関へのコンサルティングのほか、幅広い業界にて講演を行っている。本書の展覧会である「ボーダークロッシングス展 ―行き来する、その先へ― 子どもと自然とデジタル」(2025年)の教育的キュレーションを担う。本書の英語、イタリア語からの監訳を担当。

山岸日登美 やまぎし・ひとみ
JIREAボードメンバー
まちの保育園 こども園 ペダゴジカルチームディレクター

The Children and Community Learning Center (CCLC) 責任者。
2001年に開催された「『子どもたちの百の言葉』展 in いしかわ」でレッジョ・エミリアと出会う。現在、JIREAボード、CCLC責任者として、レッジョ・エミリア・アプローチの実践を広めると共に、子どもたちの表現や有能性を社会へと届けるため、パブリケーションの作成や展示を手掛けている。本書の展覧会である「ボーダークロッシングス展 ―行き来する、その先へ― 子どもと自然とデジタル」(2025年)の教育的キュレーションを担う。本書の意訳と編集を担当。

翻訳協力

清水朋子 しみず・ともこ

協力

JIREA Japan Institute for Reggio Emilia Alliance

イタリアの小さなまちで生まれ、アートや創造性の教育として世界的に注目され、世界140か国に広がりを見せている教育アプローチ、レッジョ・エミリア・アプローチを学び合う本国イタリア（レッジョ・エミリア市）を中心とするレッジョ・チルドレン国際ネットワークの日本窓口団体を務める。「子どもたちの探究的で創造性あふれる豊かな学びの環境づくり」を組織ミッションに、日本での学び合いコミュニティの構築、レッジョ・チルドレンや国際ネットワーク加盟の世界の国々との交流、展覧会やシンポジウムの企画・開催、翻訳書籍の出版、現地研修企画等を行っている。本書の展覧会である「ボーダークロッシングス展 ―行き来する、その先へ― 子どもと自然とデジタル」を主催。
代表：松本理寿輝 まつもと・りずき
設立：2020年10月
JIREA公式ホームページ：https://jirea.jp/

ボーダークロッシングス
―行き来する、その先へ―
レッジョ・エミリアの子どもたちと自然との出会い、デジタルの可能性

2025年3月30日　発行

監修
ヴェア・ヴェッキ、シモーナ・ボニラウリ、イザベラ・メニンノ、マッダレーナ・テデスキ

監訳
カンチェーミ潤子、山岸日登美

協力
JIREA

発行者
荘村明彦

発行所
中央法規出版株式会社
〒110-0016 東京都台東区台東3-29-1 中央法規ビル
TEL. 03(6387)3196
https://www.chuohoki.co.jp/

印刷・製本
TOPPANクロレ株式会社

デザイン
山本和久（Donny Grafiks）

SCUOLE E NIDI D'INFANZIA
Istituzione del
Comune di Reggio Emilia
REGGIO EMILIA APPROACH ®

REGGIO CHILDREN ®

A191